- LAURENCE MAROT -

SUR LA ROUTE DES RHUMS

HISTOIRE, FABRICATION, DÉGUSTATION, COCKTAILS

massin

- Sur la route des Rhums -

SOMMAIRE

Avant-propos

J'ai remarqué que dès que je prononçais le mot « rhum » dans mon entourage, les yeux pétillaient et les conversations s'animaient autour d'excursions exotiques et de saveurs de canne à sucre. J'ai réfléchi à ce phénomène actuel de « l'effet rhum » et à cette passion qui réunit, génère des discussions inépuisables chez les amateurs, qu'ils soient connaisseurs de longue date ou récemment initiés, mais aussi, de l'autre côté de la bouteille, chez les producteurs et les marques qui fleurissent allégrement en France, en Europe, aux États-Unis, en Asie et en Afrique sur ce créneau en pleine envolée.

Mon premier contact avec ce spiritueux a eu lieu à Paris dans un bar à cocktails branché au début des années 2000. Je ne connaissais pas les différences entre un rhum agricole, un rhum cubain ou même un rhum jamaïcain. Le chef barman m'a présenté plusieurs cocktails pour me plonger dans l'univers de chacun : un mojito qu'il mixait avec du rhum agricole pour la fraîcheur, un daiquiri mélangé avec un rhum cubain pour sa légèreté, et un old fashioned avec un rhum jamaïcain pour sa puissance. J'ai goûté chaque boisson avec délice et bu avec gourmandise les paroles de mon interlocuteur sur l'histoire de chaque distillerie et de ses secrets de fabrication. Ce soir-là, mes yeux pétillaient, j'étais captivée par cet univers et les saveurs qui l'accompagnaient.

Quelques années plus tard, j'ai commencé à écrire pour plusieurs magazines spécialisés dans le monde des spiritueux et j'ai eu l'opportunité de visiter les coulisses des distilleries de rhum aux Caraïbes, en Amérique du Sud et en Asie. La beauté des champs de cannes à sucre m'a fascinée, le vrombissement des alambics m'a hypnotisée et la quiétude des chais m'a apaisée.

Au fil de mes reportages, de mes rencontres et de mes dégustations, l'idée d'un livre sur un tour du monde du rhum a mûri. Aujourd'hui, le voici entre vos mains. Je suis revenue dans la peau de cette néophyte d'il y a vingt ans pour que vous ayez dans vos bagages tous les ingrédients pour comprendre l'histoire et même la petite histoire d'un rhum, de ses origines à sa fabrication, mais également les témoignages des hommes qui en ont fait leur métier et leur passion au quotidien.

Le rhum étant intimement lié au monde du cocktail, la deuxième partie de cet ouvrage est un autre voyage à travers la planète de la mixologie. Prenez votre sac à dos, munissez-vous d'un shaker, d'un doseur et d'un verre, et faites le grand saut dans les classiques – piña colada, zombie, mary pickford – et dans leurs origines parfois insolites. Enfin, retour à Paris pour la fin de cette excursion au parfum de canne à sucre, à la rencontre de barmen qui ont le rhum dans la peau et ont partagé leurs plus belles recettes.

BON VOYAGE !

Préface

Le rhum est presque un mot-valise, celui qui vous invite à faire la vôtre et à vous présenter au terminal 3B, porte 15, pour décoller et voyager vers l'inconnu. Effrayant, certainement pas, envoûtant, oui, tant le rhum évoque les vacances… Ce spiritueux mérite mieux que d'être mélangé avec un mauvais jus et additionné de glaçons… Il a pris part à l'histoire du monde depuis quatre siècles… Le voyage et l'évasion sont certainement les deux termes les plus adéquats pour définir ce spiritueux, le plus hétéroclite qui existe. Un voyage, mais sans quitter votre siège.

J'ai eu le plaisir de côtoyer Laurence bon nombre de fois depuis presque dix ans. D'abord en tant que collègue, puis en tant que « copain » de voyage de presse, en tant qu'interviewé et pour finir en tant qu'ami… Et c'est d'ailleurs l'essence même du rhum, fédérer et passionner des deux côtés de la bouteille, autant chez ceux qui la remplissent que chez ceux qui la vident. Vocations et amitiés naissent de cet univers complexe.

Le paysage du rhum a changé drastiquement au cours de ces dix dernières années en France. Ce spiritueux est devenu incontournable. Bon nombre d'acteurs du rhum sont nés durant ce laps de temps, autant à la production qu'à la revente, et on en trouve dans tous les bars et tous les domiciles ou presque. Ses modes de consommation ont également évolué. Et ce, essentiellement grâce à un changement de paradigme. Nul doute que vous découvrirez pourquoi et comment dans cet ouvrage. Allez, je suis taquin, un petit teaser… Cela implique la découverte de nouvelles destinations et de façons de faire qui nous étaient (les consommateurs) quasi inconnues jusqu'alors.

Dans sa production, aussi, chaque détail compte et beaucoup ne peuvent être véritablement maîtrisés. C'est la magie de cette graminée – de la famille du Saccharum –, transformée, fermentée, distillée et éventuellement vieillie pour finir dans votre bouteille – et c'est ce qui fait son charme.

Mais parlons avec le cœur, avec les émotions.

Car c'est bien des sens qu'il est question avant tout, le goût, l'ivresse (avec modération), la beauté du flacon, du liquide… Certains amateurs passent des heures à trouver le prochain rhum qui les fera vibrer, et croyez-moi, à l'échelle de la production mondiale, cela revient bel et bien à chercher une aiguille dans une botte de foin. Fort heureusement, des passionnés et professionnels à tout niveau sont là pour vous guider et vous éclairer dans votre découverte. Vous pouvez presque les voir comme une agence matrimoniale qui cherche à vous faire rencontrer l'âme sœur ou l'esprit sœur (spiritueux), celui avec lequel vous ne vous engueulerez jamais !

À ce titre, Laurence Marot n'en est pas à son coup d'essai, elle qui s'est passionnée pour les belles histoires et qui s'est chargée et se charge toujours de les transmettre, vous prend la main pour un beau voyage où l'histoire côtoiera les belles bouteilles. J'espère que vous réserverez le même sort à ce livre, celui de côtoyer vos précieux flacons.

BAPTISTE BOCHET

- Sur la route des Rhums -

Le Rhum

Un spiritueux exotique synonyme d'histoire et de voyages

COME-BACK SUR SON HISTOIRE COLORÉE

Le rhum est indissociable de la canne à sucre dont il est issu, et sans laquelle nos vies d'amateurs de rhum ne seraient pas les mêmes. L'origine lointaine de cette plante et son parcours pour arriver au précieux liquide ne sont pas si simples à retracer ni à vérifier.

Beaucoup d'historiens s'accordent sur son pays d'origine : la Nouvelle-Guinée, où sa culture remonterait à plusieurs milliers d'années avant notre ère. Sa trace est retrouvée par la suite sur le sol asiatique où Chinois et Indiens l'ont apprivoisée, avec l'avantage pour ces derniers d'avoir su en tirer du sucre avant tout le monde, pour le plus grand bénéfice des populations et de l'économie locales. Arrivent ensuite les Perses au IVe siècle qui, en grands conquérants et voyageurs infatigables, reviennent d'Asie avec la canne dans leurs malles et étendent sa culture à l'ensemble du golfe Persique. Deux siècles plus tard, l'extension de la civilisation arabe en fera une belle prise de guerre que les guerriers maures nous ramèneront sur le continent européen, dont le sud était sous leur coupe. Au XIe siècle, les croisades, qui ont permis la reprise d'un grand nombre de territoires cultivant déjà la canne, ont favorisé son implantation sur le pourtour méditerranéen ainsi que dans les îles, notamment Madère et la Sicile, qui ont un climat propice à l'épanouissement de la plante sucrière.

Il manquait un continent qui échappait à l'essor de notre noble graminée, les Amériques. Qu'à cela ne tienne, Christophe Colomb, lors de son deuxième voyage en 1493, emporte des plants et les fait cultiver sur plusieurs îles des Caraïbes ; l'histoire du rhum va commencer. Si la production de sucre et de tabac est au cœur des conflits entre colonisateurs, le rhum ne va pas tarder à devenir également une prise de guerre très convoitée, mais de quand peut-on réellement dater son apparition officielle ? « *That is not a question* », nous susurrent nos amis anglais.

Beaucoup se sont essayés à la fermentation puis à la distillation du jus de canne, et on compte quelques ancêtres au rhum, comme l'arak ou certains tafias aux qualités gustatives discutables.

La date autour de laquelle tout le monde du rhum s'accorde à peu près est 1650. Elle correspond à un écrit retrouvé dans une plantation de l'île de la Barbade qui mentionne le mot *run*. Sir John Gay mettra sur les rails la plus ancienne distillerie des Caraïbes, baptisée Mount Gay, ce qui donne l'avantage au camp britannique.

Il ne faut cependant pas oublier un Néerlandais, Pietr Blower, qui, comme nombre de ses compatriotes, en connaît un rayon sur la maîtrise des alambics et revendiquera également la genèse de la création du divin liquide dans la région.

Du côté des Français, le père Labat, sans délaisser ses fonctions religieuses, développe les méthodes de culture de la canne à sucre et de distillation dans les Antilles françaises en adoptant notamment la technique de repasse qui améliore considérablement la qualité du rhum. À cette époque, afin d'obtenir la main-d'œuvre nécessaire, l'esclavagisme se développe dans toutes les colonies européennes d'Amérique. Des millions d'Africains sont arrachés à leur continent d'origine pour travailler dans des conditions terribles dans les champs de cannes, de tabac et d'indigo.

Le rhum va s'inviter aussi à bord des bateaux de la Navy, des pirates et flibustiers en tout genre, et servira de stimulant pour faire face aux difficultés de la vie de marin en ces temps où les routes maritimes étaient semées d'embûches et de fortunes diverses. Le XVIIIe siècle verra se développer des rhums plus qualitatifs avec l'extension de sa production à Cuba et en Jamaïque dans la seconde moitié du siècle. La consommation en Europe et aux États-Unis va se développer rapidement avec les innovations techniques, comme la colonne à distiller. L'arrivée des cocktails au début du XXe siècle élargira le profil des amateurs.

UNE BOISSON PRODUITE DANS LE MONDE ENTIER

Rhum de jus de canne à sucre, rhum de mélasse, rhum de miel de canne, ce spiritueux exotique représente l'un des alcools les plus produits dans le monde entier. Comment l'identifier, savoir ce qui convient à notre palais, maîtriser quelques bases pour comprendre cet univers en pleine évolution et révolution ? La classification la plus simple pour démarrer sa culture rhum ? L'origine géographique.

Pendant trois siècles, plusieurs grandes nations, la France, la Grande-Bretagne, l'Espagne, la Hollande et le Portugal, ont dominé le monde et colonisé des terres lointaines, les Caraïbes et d'autres îles. Chacune a imposé son savoir-faire, sa technique, et développé sa culture du sucre et du rhum. Aujourd'hui, on peut définir le rhum selon trois styles : le style français, le style anglo-saxon et le style hispanique. Chacun se distingue par son terroir, sa matière, ses méthodes de production et son profil aromatique.

LES TROIS ORIGINES DU RHUM

TYPE FRANÇAIS

Les rhums de type français sont à 99 % des rhums agricoles élaborés à partir de jus de canne à sucre. Leurs producteurs sont d'anciennes colonies localisées dans les Caraïbes mais aussi dans l'océan Indien : la Martinique, la Guadeloupe, Marie-Galante, la Guyane, La Réunion, l'île Maurice… Véritable invitation pour un voyage haut en couleur et en saveur, cette origine est classifiée comme un rhum, réputé pour son côté équilibré et végétal.

TYPE BRITANNIQUE

Les rhums de type britannique sont à 90 % des rhums de mélasse, un résidu de production de la canne à sucre, sous forme de sirop noir épais. Les distilleries de rhum de type anglo-saxon sont concentrées dans les Caraïbes, à la Barbade, en Jamaïque, à Sainte-Lucie, à Trinité-et-Tobago… Elles sont à l'origine de la création des premiers rhums. Leurs rhums, appelés « rums », ont la réputation d'être très aromatiques, dits « lourds ». Leurs saveurs explosives attirent les barmen pour créer des cocktails sophistiqués.

TYPE HISPANIQUE

Les rhums de type hispanique sont à 99 % des rhums de mélasse, c'est-à-dire un résidu de la cristallisation de la canne à sucre. Les acteurs s'étendent sur les anciennes colonies : Venezuela, Cuba, Guatemala, Colombie, Panama, République dominicaine, Porto, mais aussi sur des zones géographiques plus lointaines comme l'océan Pacifique avec les Philippines. Cette famille se caractérise par des rhums, baptisés « rons », plutôt légers, doux et sucrés. C'est une excellente porte d'entrée pour mettre un premier pied dans le monde du rhum.

UNE VRAIE SUCCESS-STORY

Cantonné pendant plusieurs années à la consommation en ti-punch ou en planteur, et en accompagnement pour un cigare, le spiritueux est devenu un produit tendance et populaire auprès des consommateurs et des distilleries aux quatre coins de la planète. Aujourd'hui, plus de quatre-vingts pays sont producteurs de rhum agricole ou de rhum industriel, concentrés essentiellement dans les Caraïbes.

Brut de fût, single cask, *high ester*, le spiritueux exotique devient de plus en plus « technique », à l'image du whisky. Les ventes annuelles battraient des records avec plus de 1 milliard de livres sterling (environ 1 162 000 000 euros), dépassant le whisky. Le rhum représenterait aujourd'hui 13 % de l'ensemble de la catégorie des spiritueux. Un chiffre inimaginable encore il y a dix ans.

Le rhum est monté en grade en se rangeant dans la catégorie des spiritueux premium. Les meilleurs barmen le travaillent en cocktail, les masterclass se multiplient chez les cavistes, les collectionneurs spéculent sur son dos et les distillateurs expérimentent de nouvelles techniques et saveurs. Chiffres à l'appui : selon une étude réalisée par le distributeur « Dugas », le rhum est le spiritueux préféré pour élaborer des cocktails (61 %) et il est autant plébiscité par les hommes que par les femmes. Il est temps de faire ses bagages et de partir faire le tour du monde du rhum et des hommes qui le mettent à l'honneur.

- SUR LA ROUTE DES RHUMS -

LES BAGAGES ESSENTIELS POUR RÉUSSIR - VOTRE - VOYAGE

LES COULISSES DU RHUM

LA MATIÈRE PREMIÈRE : ET SI ON PARLAIT CANNE À SUCRE !

Sans canne à sucre, le rhum n'existerait pas ! Vous avez peut-être eu l'occasion d'apercevoir, lors de vos périples dans les Caraïbes, des champs de milliers de grandes tiges vertes, rouges ou jaunes aux allures de bambou s'étirer à perte de vue.

Oui, oui, c'est bien la canne à sucre qui arrive dans votre bouche sous la forme d'un beau liquide aromatique. La canne à sucre est une plante qui appartient à la famille des graminées, prédestinée à pousser dans les pays tropicaux à proximité de l'équateur, à quelques exceptions près, notamment Madère et l'Espagne, en Europe. Sa hauteur peut s'élever jusqu'à 6 mètres. Trois conditions sont indispensables pour que la canne à sucre se développe allégrement : la chaleur, le soleil et beaucoup d'eau. On comptabilise dans le monde quatre mille espèces. C'est majoritairement le *Saccharum officinarum*, une canne à sucre hybride, qui est cultivé par les producteurs pour son côté très sucré, car il contient 16 % de saccharose et est résistant aux différentes maladies. Outre son important taux de sucre, cette plante repousse naturellement après avoir été coupée.

Le rhum n'est pas la seule vocation de la canne à sucre. Elle est également destinée à la fabrication de sucre (80 % de la production mondiale) et d'agrocarburant, particulièrement en Inde et au Brésil. La plante fait également l'objet d'un recyclage pendant la production. La bagasse, des résidus fibreux de la canne à sucre après l'étape de broyage et d'extraction du jus, alimente les chaudières pour les alambics.

La canne à sucre est coupée en pleine phase de maturation entre quatorze et dix-huit mois après la précédente récolte ou la date de plantation des boutures. La récolte dure plusieurs mois et varie selon la zone géographique : de février à mai pour les Caraïbes, l'Amérique du Sud équatoriale (Venezuela, Guyana…), l'Asie, l'Amérique du Nord et centrale. De juillet à décembre pour l'Amérique du Sud subéquatoriale (Brésil, Pérou…), les îles de l'océan Indien, du Pacifique et de l'Afrique du Sud.

Deux possibilités s'offrent au planteur pour récolter sa canne : à la main, avec une machette adaptée pour des champs de taille réduite ou en pente, ou à la machine, à l'aide d'une récolteuse de canne à sucre qui peut couper jusqu'à 60 tonnes par jour (contre 3 à 5 tonnes pour un homme).

Les cannes coupées sont ramenées dans la journée dans la distillerie. Il faut savoir que les tiges s'oxydent très vite et que la fraîcheur du jus apparaît primordiale pour la suite des différentes étapes de production du rhum. Après avoir été rincée à l'eau, la canne est broyée dans un moulin, quelques heures après son arrivée, pour extraire le maximum de jus. On l'appelle le « vesou », qui est utilisé pour le rhum agricole. Celui-ci passe directement en phase de fermentation.

Pour les rhums industriels (plus de 95 %), les distilleries travaillent avec la mélasse, résidu de couleur brune et incristallisable issu de l'extraction du sucre de la canne à sucre. On vous explique tout cela simplement ! Dans une sucrerie, on fabrique d'un côté du sucre, mais aussi ce sirop visqueux de jus de canne à sucre chauffé pour en extraire le maximum de sucres concentrés. Celui-ci est ensuite filtré et centrifugé pour extraire les impuretés. Ces dernières sont enlevées pour obtenir ce liquide brun sirupeux considéré comme un déchet industriel, mais valorisé pour son usage en rhum. La mélasse dispose de certains avantages : elle peut se conserver et être transportée à travers le monde et elle est réputée pour être riche en vitamines et minéraux.

LA FERMENTATION : L'ÉTAPE MAGIQUE DU SUCRE À L'ALCOOL

Cette étape de fabrication cruciale va déterminer le profil aromatique du rhum.

La fermentation diffère selon le type de rhum, à base de jus de canne à sucre ou de mélasse. Le seul point commun : l'action de la levure qui transforme le sucre en alcool. La levure est une sorte de champignon microscopique qui, en l'absence d'oxygène, se nourrit du sucre pour se développer et le transformer en éthanol. Impossible de voir ce phénomène à l'œil nu. Dans le cas du rhum agricole, le vesou est stocké dans des cuves en inox ouvertes et installées à l'air libre sous un toit sans mur. Pour renforcer la fermentation, le producteur ajoute à cette étape des *Saccharomyces* (genre de levures de boulanger) pour donner plus d'arômes au rhum. Pendant toute cette phase, il contrôle attentivement la température du vesou et l'acidité. La fermentation dure de vingt-quatre à quarante-huit heures (soixante-douze heures pour le rhum martiniquais) pour obtenir un vin de canne titré à 4°. Plus la température est élevée, moins les levures sont actives.

Pour le rhum industriel, la mélasse fermente dans des cuves ouvertes pendant douze à vingt-quatre heures pour des rhums légers, ou scellées chez certains producteurs pour limiter la contamination bactérienne. La fermentation pour ce dernier sera prolongée et le rhum sera plus aromatique. Le vin de canne obtenu est titré à 4°.

Le rhum de Jamaïque fait exception car la fermentation peut durer plusieurs semaines, jusqu'à un mois. Rien d'étonnant quand on connaît la puissance aromatique de ces rhums lourds appelés *high ester*. La fermentation n'est pas seulement plus longue, les producteurs la complètent avec du dunder, des résidus acides récupérés dans les alambics après distillation, qu'on appelle « vinasse », pour former les esters. Ces rhums ont aujourd'hui le vent en poupe.

LA DISTILLATION : UN PROCESS CHIMIQUE À DÉCOMPLEXER

Voici une étape de la production du rhum qui devrait intéresser les amateurs de rhum et de chimie. La distillation est une étape essentielle dans le process de production du spiritueux. Celle-ci sert à concentrer l'alcool et à séparer les différents composés aromatiques issus du vin, c'est-à-dire du jus de canne à sucre fermenté ou de la mélasse fermentée, à l'aide d'un alambic. Dès que celui-ci commence à chauffer, l'eau s'évapore à 100 °C et l'alcool autour des 78 °C. L'art du maître distillateur est d'amener les composés à la bonne température pour obtenir le rhum.

Les producteurs n'utilisent pas le même alambic selon le type de rhum. Pour le rhum agricole, la distillation est réalisée en continu à l'aide d'un alambic à colonne simple ou double de type créole (ou coffey still, terme plus technique).

Cette colonne est généralement équipée de différents plateaux sur plusieurs étages. Le vin descend de la colonne et rencontre les vapeurs qui montent. Les vapeurs se concentrent en alcool et en composés volatils. Les plateaux du haut sortent des alcools concentrés entre 65 et 85°. Les plateaux du bas récupèrent les composants les plus lourds et les vinasses. On trouve différents types de colonnes : créole, Savalle et coffey still. Les rons hispaniques sont généralement distillés en colonne.

Parallèlement à l'alambic à colonne, le rhum est également élaboré à partir d'alambic pot still ou à double retors, utilisé par les Écossais pour le whisky pour une distillation en discontinu. Il faut procéder à plusieurs distillations avec une première chauffe entre 25 et 30 °C jusqu'à obtenir un alcool entre 65 et 75°. Ce type d'alambic est utilisé pour des rhums britanniques, par exemple à la Jamaïque et à la Barbade.

LE VIEILLISSEMENT : L'ART D'ÉCHANGER AVEC LE BOIS

Aujourd'hui, le rhum a deux vocations lorsqu'il sort de l'alambic : soit il reste sagement un rhum blanc (la majorité des rhums vendus sur la planète sont blancs) et il est destiné à être mélangé et à servir d'ingrédient dans le monde du cocktail ; soit il est vieilli en fûts pendant une certaine période durant laquelle il échange ses arômes avec le bois pour hériter d'une couleur dorée et d'un profil plus riche, dérivant sur de nouvelles saveurs (vanille, épices, boisées, fruits confits…). Les producteurs ont pris conscience de l'importance du marché du rhum vieux aujourd'hui, un liquide plus qualitatif et plus banquable.

Avant d'être commercialisé, le rhum blanc vient reposer en cuve inox pendant plusieurs semaines et jusqu'à douze mois (six semaines pour les rhums AOC de Martinique). C'est au cours de cette étape que le rhum est réduit avec de l'eau pure (généralement de l'eau de source) pour obtenir le degré alcoolique souhaité sans altérer son profil aromatique et le rendre aqueux. Les rhums industriels s'intéressent de plus en plus à des rhums blancs vieillis pour affiner leurs arômes (notamment des rhums d'Amérique latine). Pour retrouver leur couleur translucide, ces liquides sont filtrés sur un lit de charbon.

Tout comme le rhum blanc, le rhum vieux est réduit avant d'être élevé en fûts dans un chai. La majorité des barriques choisies par les producteurs sont d'anciens fûts de chêne de bourbon (pour des arômes de vanille, de caramel, de noix de coco, de fleurs, de banane…). La raison ? La proximité géographique pour les pays des Caraïbes, notamment, et un prix très accessible. Le whisky américain doit être vieilli dans des fûts neufs. Les producteurs de bourbon revendent leurs vieux fûts de 4 à 6 ans pour en acheter de nouveaux.

L'élevage s'effectue également avec d'autres variétés de fûts tout aussi intéressantes au niveau des arômes : fûts neufs en chêne américain (pour des arômes de vanille, de noix de coco, fève de tonka), ex-fûts de chêne français de cognac (pour des notes de vanille, de pain grillé, de chocolat, de *rancio*, d'abricot sec) et ex-fûts de xérès (pour des arômes d'épices et de fruits secs). Les fûts n'ont pas tous la même taille. Celle-ci influe sur l'échange entre le rhum et le bois.

Un fût de bourbon se caractérise par un volume de 180 litres alors que le volume du fût de cognac s'élève entre 250 et 500 litres. Les fûts dédiés à la maturation sont souvent toastés avant le premier remplissage afin de modifier la nature du bois et d'apporter un meilleur échange avec le rhum.

Ces dernières années, la tendance est d'affiner le rhum à l'image du whisky pour conférer des arômes supplémentaires et inédits sur un laps de temps déterminé (pas plus de quelques mois). C'est le moment pour le rhum de s'associer avec d'autres univers d'alcool : des spiritueux comme dans d'ex-fûts de whisky (parfois tourbé), de porto et même de vin français.

Avez-vous entendu parler de l'expression « la part des anges » ? Sûrement, si vous êtes un amateur du réalisateur écossais Ken Loach. Un de ses meilleurs films, *La Part des anges*, décrit l'univers du whisky écossais. Cette expression est liée à l'évaporation du rhum dans l'air pendant son vieillissement en fûts. On se doute que le fût n'est pas à 100 % hermétique. Plus les températures sont élevées et plus le temps est sec, plus la part des anges est importante. Un phénomène qui amène une concentration des arômes du rhum. La part des anges se place entre 6 et 10 % dans les Caraïbes alors qu'elle se situe entre 2 et 4 % à Cognac. C'est l'une des raisons pour lesquelles certaines maisons s'emploient à réaliser un deuxième vieillissement en Europe. On parle de vieillissement tropical dans les pays tropicaux et de vieillissement continental sur le Vieux Continent.

Du côté de l'Amérique du Sud, les distilleries ont mis en place un autre type de vieillissement pour faire face à l'importante part des anges : la méthode solera, qui est inspirée du vin de Xérès. Le principe est simple : les barriques sont empilées les unes sur les autres sur plusieurs étages. Les plus jeunes sont placées en haut et les plus vieilles en bas.

Tout au long du vieillissement, on extrait des fûts de petites quantités de rhums les plus vieux jusqu'aux rhums les plus jeunes pour les assembler. Cette méthode permet d'apporter de la vigueur en faisant en sorte que les fûts ne soient jamais vidés. Les rangées de fûts fonctionnent en rotation et l'assemblage se fait par le haut de la pyramide.

Quant à la durée de vieillissement, la réglementation reste encore assez souple, excepté pour des rhums encadrés par un cahier des charges comme dans les DOM français, à Madère, et à Cuba.

Voici un récapitulatif pour vous aider à décrypter une étiquette d'un rhum brun :

- **Un rhum élevé sous bois :** un an minimum dans un fût de chêne.
- **Un rhum de paille :** dix-huit mois en fûts de chêne.
- **Un rhum vieux :** à partir de trois ans de vieillissement.
- **Un rhum VO (*Very Old*) :** trois ans minimum.
- **Un rhum VSOP (*Very Superior Old Pale*) :** à partir de quatre à cinq ans de vieillissement.
- **Un rhum XO (*Extra Old*) :** à partir de six ans de vieillissement.
- **Un rhum millésimé :** un minimum de six ans. Les rhums assemblés ont le même âge.

L'ASSEMBLAGE : LE SAVOIR-FAIRE DU MAÎTRE DE CHAI

Voici un véritable moment d'orfèvrerie : le maître de chai travaille sur la composition de son rhum autour d'un assemblage de fûts de différents âges et de différents styles, selon la distillation. Ces barriques ont été respectueusement goûtées tout au long de l'élevage par ce chef d'orchestre du vieillissement. Sa mission : créer un rhum au profil aromatique recherché et reproduire à l'identique la même recette de rhum d'année en année. L'assemblage repose ensuite dans de grands fûts pendant plusieurs semaines ou plusieurs mois avant d'être commercialisé ou éventuellement passé à une nouvelle étape, le finish.

LE PETIT FRÈRE DU RHUM : LA CACHAÇA, LE RHUM BRÉSILIEN

Tout le monde connaît la caïpirinha, mais est-ce que vous connaissez la cachaça ?

C'est un spiritueux né au Brésil, qui utilise la même matière première que le rhum, le jus de canne à sucre, qui est fermenté et distillé. C'est aujourd'hui la boisson nationale du pays. Il faut savoir que le Brésil est l'un des plus gros producteurs mondiaux de canne à sucre. On suppose que ce rhum brésilien serait né au XVIe siècle grâce aux techniques de distillation amenées par les Portugais. Avant d'être baptisé « cachaça », on l'appelait « agua ardente ». Le spiritueux était consommé uniquement au Brésil jusqu'au XXe siècle. C'est seulement depuis le début des années 1990 qu'il a commencé à traverser les frontières. On distingue deux types de cachaças : la cachaça industrielle et la cachaça artisanale. Quant au process de production, il suit les mêmes étapes que celui du rhum : broyage de la canne à sucre pour extraire le jus qu'on appelle « guarapa » ; fermentation spontanée (de manière naturelle) pour un vinho à 4-8° ; distillation discontinue ou distillation continue en colonne pour obtenir un distillat à 50° ; vieillissement ou pas (cachaça blanche) dans différents types de fûts comme ex-bourbon, ex-cognac. La cachaça est embouteillée entre 38 et 48°.

UN RHUM OVNI : LE CLAIRIN

Né à Haïti, le clairin fait figure d'extraterrestre dans le monde du rhum, mais il est très apprécié par les geeks. Produit dans 532 microdistilleries, ce spiritueux se démarque par sa production hautement artisanale. Il est réalisé à partir de variétés de cannes à sucre non hybrides et cultivées avec des méthodes de production naturelles. La canne à sucre coupée à la main est transportée à dos d'âne pour être livrée à la distillerie. La fermentation est réalisée avec des levures sauvages et la distillation est faite dans des alambics hybrides chauffés au bois. Exporté depuis peu, le clairin est très convoité par les barmen pour son profil aromatique très exubérant qui est un véritable joyau en cocktail.

LE RHUM ARRANGÉ D'ICI ET D'AILLEURS

Exotique et riche en saveurs fruitées et épicées, cette boisson traditionnelle d'origine réunionnaise est incontestablement une catégorie de rhum en plein essor. Vous verrez chez vos cavistes au moins deux ou trois marques minimum sur leurs étagères. Le marché du rhum macéré avec des fruits s'est élargi avec de nouveaux producteurs artisanaux localisés dans toute la France, aux côtés des marques traditionnelles de la Martinique, de Guadeloupe et de La Réunion. Depuis la nouvelle législation sur le taux de sucre dans le rhum, ces liquides riches en saveurs et en couleurs ne peuvent plus revendiquer l'appellation rhum arrangé mais plutôt celle de punch arrangé. Voici une sélection.

EN MARTINIQUE

La Fabrique de l'Arrangé n° 2 ananas et citron vert, 32°, 70 cl

Un des produits phares de cette maison qui travaille avec le rhum AOC de Martinique HSE. Récompensée par une médaille d'or, la recette est réalisée avec de l'ananas et du citron vert dotés d'une belle maturité, ainsi que des épices. Un beau bouquet de saveurs exotiques et fruitées.

Les arrangés Saint James, mangue tropicale et maracuja, 35°, 70 cl

Une des dernières nouveautés de la gamme Les Arrangés de la maison martiniquaise réputée pour son savoir-faire. Cette cuvée a été élaborée avec des fruits exotiques récoltés à pleine maturité qui ont macéré avec du rhum agricole réalisé à partir de jus de canne frais. Une ode aux saveurs exotiques.

À LA RÉUNION

Arrangé Océanique Coco Vanille d'Isautier, 30°, 70 cl

Cette institution réunionnaise réputée pour ses rhums arrangés depuis les années 1970 lance une nouvelle gamme baptisée Fresque de la Réunion inspirée par le terroir de l'île. Cette recette réalisée à partir de rhum haut de gamme associe la douceur de la noix de coco à la suavité de la vanille Bourbon de l'île.

EN BRETAGNE

Ty'Malo de MaloRhum, 46°, 50 cl

Cette maison malouine s'est fait connaître avec son punch au homard aux saveurs iodées. Voici l'une des dernières curiosités de ces producteurs bretons qui cuisinent leurs ingrédients avant de les faire macérer. Cette cuvée est réalisée à partir d'un rhum brut de colonne à 72° de Guadeloupe associé au yuzu, au gingembre et à la baie de Timut.

EN GUADELOUPE

Punch Maracudja de Longueteau, 25°, 1 l

L'une des meilleures ventes de cette institution familiale riche d'un savoir-faire de plus de vingt ans. Les fruits de la passion ont été récoltés sur le domaine, tandis que le rhum a été réalisé à partir de 100 % de canne rouge. En bouche, une belle acidité et une sucrosité fruitée !

DANS LE SUD DE LA FRANCE

Canelé de Bordeaux de Halto, 30°, 70 cl

Voici un nouvel acteur dans le monde des rhums arrangés : Halto, fondé par un entrepreneur originaire de Montélimar, dans la Drôme. Celui-ci a eu l'idée futée d'imaginer des recettes de rhums inspirées par des traditions culinaires françaises. Bel exemple avec ce produit qui fait référence à la culture bordelaise, réalisé avec du rhum AOC de Martinique macéré avec des cannelés.

DANS LE NORD DE LA FRANCE

Jamrock de Maison Arhumatic, 35°, 70 cl

Les producteurs d'Arhumatic ont cassé les codes des rhums arrangés en travaillant avec une cuvée jamaïcaine, LROK de chez Hampden, puis en la mariant aux saveurs douces de l'orange fraîche, de l'orange confite, et à celles du café Blue Mountain (l'un des meilleurs cafés du monde) et du sirop de canne à sucre. Une cuvée au goût explosif !

- SUR LA ROUTE DES RHUMS -

LES DERNIERS DÉTAILS À MAÎTRISER

AVANT - SON - DÉPART

COMMENT CHOISIR SON RHUM ?

Pas si simple de sélectionner un rhum pour soi, pour un ami, pour un membre de sa famille dans une catégorie qui multiplie les origines, les styles et les profils aromatiques.

Spécialistes du vin, les cavistes ont élargi aujourd'hui leur champ d'action dans le secteur des spiritueux, notamment en ce qui concerne le whisky, mais aussi le rhum (ainsi que la bière). Certains passionnés se sont même spécialisés dans cette catégorie exotique et dynamique. Ces fins connaisseurs sont dotés d'une belle culture mais également d'une vision précise du marché et connaissent sur le bout des doigts les tendances du moment. N'hésitez pas à franchir le pas de leur porte, à écouter leurs conseils avertis, à déguster, si on vous le propose, un brut de fût jamaïcain, un rhum agricole blanc bio ou un assemblage insolite d'un embouteilleur indépendant, avant de vous envoler vers la destination de votre choix qui sent bon la plage, la canne et le rhum.

À LA RENCONTRE DE

2 CAVISTES SPÉCIALISÉS

1 • EXCELLENCE RHUM : UN SITE POINTU DE VENTE EN LIGNE DÉDIÉ AU RHUM ET UNE BOUTIQUE À PARIS

Avec 1 200 références en boutique et pas moins de 5 000 sur son site marchand, Excellence Rhum fait partie des acteurs incontournables pour acquérir les derniers joyaux de la stratosphère rhum, de Haïti à la Jamaïque, en passant par la Barbade.

Son fondateur, Alexandre Beudet, s'est lancé dans l'aventure du liquide exotique en 2013, d'abord à travers la création d'un site de vente en ligne bien achalandé destiné à un profil plutôt geek. En 2018, Excellence Rhum passe un nouveau cap avec l'ouverture d'un commerce de 70 mètres carrés localisé dans une ancienne galerie du 6e arrondissement de Paris.

L'objectif : transmettre ses connaissances du marché, partager sa passion et échanger avec une clientèle néophyte ou avertie pendant de longues heures. Son acolyte, Florent Lenziani, un ancien graphiste, est au gouvernail du navire aux côtés d'autres férus de rhum, Mathieu Lange pour la boutique et Laurent Danigo pour la partie logistique. Il faut savoir que Paris est la seule capitale à réunir des boutiques spécialisées dans cet univers bouillonnant des spiritueux. Chez Excellence Rhum, la cave regorge de plusieurs atouts : des conseillers en spiritueux hors pair à l'affût de l'actualité, un approvisionnement très régulier auprès de l'entrepôt qui permet un turnover et des nouveautés, et, en bonus, des références exclusives grâce aux liens privilégiés avec les producteurs et distributeurs, et toute la gamme de sa collection d'embouteillage indépendant Excellence Rhum.

16 rue Dauphine, 75006 Paris.
Tél. : 01 85 41 11 20. www.excellencerhum.com

2 • CHRISTIAN DE MONTAGUÈRE : BIENVENUE DANS LA PREMIÈRE CAVE DÉDIÉE À L'ART DE VIVRE AUX CARAÏBES ET AU RHUM !

C'est à quelques pas du bouillonnant Bon Marché, cette enseigne parisienne de renom, que Christian de Montaguère a posé ses petites et grandes bouteilles en 2008 dans son *concept store* dédié à l'art de vivre dans les Caraïbes, rue de l'Abbé-Grégoire (une personnalité de l'histoire qui a lutté contre l'esclavagisme à la fin du XVIIIe et au début du XIXe siècle, histoire si liée à la production de sucre et de rhum).

Le Guadeloupéen n'est ni barman ni producteur de rhum. Issu du monde de la mode de luxe, le trentenaire remarque qu'il n'existe à Paris aucun lieu dépaysant réunissant tous les trésors des Caraïbes, des épices et produits d'épicerie fine aux confitures aux fruits exotiques, en passant par un choix éclectique de rhums de haut vol à savourer en ti-punch ou avec un cigare. Le bouche à oreille fait vite son effet. L'ancien banquier Jerry Gitany vient rapidement le rejoindre dans l'aventure pour transmettre son goût pour la culture des Antilles à une clientèle en manque de vitamine D. À son tour, celui-ci devient expert en rhum. À eux deux, ils forment un duo de poids dans le monde du rhum. Parallèlement à la cave, ce Martiniquais très actif dans le monde du rhum est juré pour de célèbres concours, comme celui du German Rumfest de Berlin, et gère la Confrérie du Rhum depuis 2013 avec Benoit Bail, autre figure du spiritueux de canne à sucre. La boutique de Christian de Montaguère s'est taillé une belle réputation à travers sa sélection de rhums, ses ateliers de dégustation et ses cuvées maison réalisées en partenariat avec différents producteurs des quatre coins du monde, que Christian de Montaguère chasse tout au long de l'année. Un site de vente en ligne est disponible pour ceux qui ne peuvent pas se déplacer vers la capitale.

20 rue de la rue l'Abbé-Grégoire, 75006 Paris.
Tél. : 09 51 89 40 55. www.christiandemontaguere.com

LES AUTRES CAVISTES POUR DÉNICHER DU RHUM

MARSEILLE : CAVES DAMIANI

C'est dans le quartier de Capelette que le caviste Vincent Damiani livre ses bons conseils dans le domaine du rhum, des spiritueux et du vin avec sa touche d'humour. On y retrouve les références locales bonnes à déguster, entre producteurs et embouteilleurs indépendants.

86 boulevard Mireille-Lauze, 13010 Marseille.
www.caves-damiani.com

MONTPELLIER : WHISKY RHUM & CO

The place to be du rhum en Occitanie, avec plus de 300 références. Cette cave est installée dans une ancienne boutique de fleuriste avec un gérant qui a la passion des bons produits et du rhum, *of course*.

17 rue des Palais-des-Guilhem, 34000 Montpellier.
Tél. : 04 34 35 42 63. www.spiritueux-montpellier.com

NANCY : LES DOMAINES

Direction le dernier étage de cette belle et imposante boutique de vins et de spiritueux dirigée par le chaleureux gérant Gautier Maire. C'est ici que sont réunis les plus beaux flacons de rhum en Lorraine.

2 rue Claude-Charles, 54000 Nancy.
Tél. : 03 83 30 53 39. www.lesdomaines.eu

PAMIERS : CAVES DEYMIER

Une institution familiale bâtie dans les années 1950 avec le sympathique Christophe Deymier qui a repris le flambeau. Plus de 200 références de rhum au compteur, avec des jus pointus et des collaborations avec de belles maisons. Demandez conseil à Yannick Leray, au fait de toute l'actualité du rhum.

1 rue Bernard-Saisset, 09100 Pamiers.
Tél. : 05 61 67 23 24

PARIS : FINE SPIRITS

Depuis quatre ans, la boutique de la Maison du Whisky cache au second étage un espace 100 % dédié au rhum premium dans un cadre ultra-design, avec une sélection pointue.

6 carrefour de l'Odéon, 75006 Paris.
Tél. : 01 46 34 70 20

PARIS : JULHÈS

C'est la boutique préférée des bobos parisiens bons vivants grâce à son rayon épicerie et traiteur, et à ses bonnes trouvailles en matière de rhum. Son propriétaire, Nicolas Julhès, est un expert en spiritueux et aussi un maître distillateur talentueux.

54 rue du Faubourg-Saint-Denis, 75010 Paris.
Tél. : 01 44 83 96 30

SAINT-MALO : L'OFFICINE À RHUM

William Abi Saab, ancien responsable de bar et féru de rhum agricole, a ouvert cette charmante boutique entre vieilles malles et plantes à sucre avec nombre de références pointues variant selon les saisons.

7 place Bouvet, 35400 Saint-Malo.
Tél. 02 52 16 09 72

LES AUTRES SITES INTERNET POUR ACHETER DU RHUM EN LIGNE

WHISKY.FR

Le site de l'incontournable distributeur Maison du Whisky, avec un focus avant tout sur le whisky, mais aussi de plus en plus sur le rhum, avec des associations prestigieuses comme la maison Velier.

RHUMATTITUDE.COM

Géré par une équipe de cinq passionnés, le site marchand offre un excellent choix de cuvées ainsi qu'une mine d'informations pour découvrir en plusieurs clics tous les secrets du rhum.

LACOMPAGNIEDURHUM.COM

Derrière La Compagnie du Rhum se cache le couple Marika et Philippe de Pompignan qui a créé ce site en Guadeloupe en 2008. Aujourd'hui muté en Martinique, le site compte environ 500 marques issues de 77 régions du monde. La Compagnie du Rhum s'engage auprès de Reforest'Action et œuvre pour la reforestation en Haïti et en Tanzanie.

LES SALONS, UNE AUTRE FAÇON MALIGNE DE FAIRE SON SHOPPING

RHUM FEST PARIS

Ce salon est une institution qui a vu naître de futurs grands producteurs de rhum et défiler les stars de la distillation et du vieillissement. Cet événement se déroule pendant trois jours sous la houlette du duo de choc Anne Gisselbrecht et Cyril Hugon. Les masterclass, animées par des têtes d'affiche du rhum dans une ambiance tropicale, y sont très prisées.

WHISKY LIVE PARIS

Le salon incontournable des spiritueux en France et en Europe qui a ouvert la voie au rhum et aux spiritueux depuis quelques années. La Rhum Gallery s'agrandit chaque année avec comme exposant la crème du rhum. La partie Cocktail Street est une excellente occasion de découvrir le rhum en version cocktail dans une ambiance clubbing.

BORDEAUX RHUM FESTIVAL

Pendant ce festival organisé dans le splendide palais de la Bourse par des figures du rhum (Jerry Gitany, Benoit Bail et Alexandra Bernet), professionnels et grand public se côtoient pour découvrir pendant deux jours plus de 400 rhums de tous horizons dans une ambiance cool.

LES RÈGLES DE DÉGUSTATION POUR SE LA JOUER COMME UN PRO

Vous venez d'acheter quelques bouteilles de rhum sur les conseils de votre caviste. Alors, ce soir, c'est le bon timing pour appeler quelques amis afin de goûter ensemble vos trésors de canne à sucre et partager un moment de convivialité. Préparez quelques notes sur chaque produit et apprenez par cœur ces quelques conseils de pro pour maîtriser l'art de la dégustation en plusieurs étapes.

- LET'S GO! -

- **Le lieu :** choisissez un endroit calme et cosy pour ne pas perturber vos sens, avec une température comprise entre 19 et 22 °C, pas plus, comme une belle journée de printemps sur une terrasse ensoleillée. Agrémentez le lieu de quelques plantes en tout genre (évitez des plantes trop odorantes) pour une expérience encore plus immersive dans une atmosphère exotique.

- **Le service :** servez en moyenne 2 cl de rhum dans chaque verre, si possible quelques minutes avant la dégustation pour aérer le spiritueux et développer ses arômes. Ne poussez pas à la consommation. Si vos amis souhaitent une nouvelle lichette, ils n'hésiteront pas à vous le faire savoir.

- **Votre palais :** évitez café, cigarette ou bonbon mentholé dans l'heure qui précède la dégustation pour garder un palais totalement neutre. Buvez de l'eau entre chaque verre dégusté pour gommer les composés volatils et acides de votre bouche. Les effets de l'alcool seront également diminués.

- **Le verre :** laissez tomber le verre à eau, la flûte à champagne ou le mug pour le café. Investissez dans une série de verres spécifiques à la dégustation. Portez votre choix sur des verres tulipes, des verres à pied avec une base large et un col plus étroit, mais adapté pour toutes les tailles de nez (pas de complexe). Leur atout : libérer le maximum d'arômes du rhum. Un verre à vin fera très bien l'affaire si vous n'avez pas trouvé le verre adéquat.

- **La vue :** c'est la première étape de la dégustation. Attention à ne pas vous faire prendre au piège par des rhums à la teinte ambrée. La couleur ne peut donner des indications sur l'âge, car certains producteurs ajoutent des colorants qui modifient les tonalités de la robe du rhum. Soyez plutôt attentif aux larmes du rhum. Plus celui-ci est vieux, plus les larmes sont espacées. Autre information à retenir : plus les larmes sont nombreuses et descendent doucement, plus la teneur en alcool est élevée. On appelle ça l'« effet Marangoni ».

- **Le nez :** c'est le premier contact qui va vous donner quelques indices sur les origines du rhum. Prenez garde à maintenir le verre à quelques centimètres des narines et à l'horizontale. Rapprochez-le progressivement, humez d'une narine à l'autre et faites de légers mouvements ascendants puis descendants pour sentir les différentes strates olfactives du rhum. Les arômes fruités et floraux se situent sur la partie haute du verre et les arômes boisés et fumés sur la partie basse. Au centre, les arômes sont portés sur des notes plus miellées et vineuses. L'important, au premier contact, est de prendre son temps. Ne vous découragez pas si vous ne discernez pas les arômes du premier coup ! Cela viendra avec le temps.

- **La bouche :** prenez une microgorgée de rhum, surtout si vous ne connaissez pas son degré alcoolique, et faites-la circuler lentement sous la langue pendant au moins trente secondes (sans vous étouffer) pour stimuler les glandes salivaires. Comme pour le whisky, il est possible d'ajouter de l'eau dans votre verre, qui permettra de libérer les arômes. Pas besoin de noyer son rhum, utilisez uniquement de l'eau minérale en goutte à goutte à l'aide d'une pipette.

UN GUIDE POUR DÉFINIR LES ARÔMES

On vous l'avoue : reconnaître les arômes d'un rhum n'est pas un exercice toujours très simple, même si on a respecté toutes les conditions pour une dégustation sans embûche. Voici quelques astuces et le vocabulaire pour reconnaître au nez et en bouche un rhum selon son origine. Mais surtout, n'en faites pas une généralité. Les rhums gardent leurs belles surprises. Dans les premiers temps, prenez ce petit guide avec vous.

Pour les rhums de type français, les arômes et les saveurs sont portés sur les notes végétales et fruitées :

- Céréale.
- Canne fraîche.
- Exotique.
- Agrume.
- Herbacé.

Pour les rhums de type anglo-saxon, le profil olfactif et gustatif tend vers des notes épicées et boisées :

- Épicé.
- Cannelle.
- Cigare.
- Cacao.
- Poivre.
- Cuivre.

Pour les rhums de type hispanique, le bouquet aromatique révèle des notes toastées et sucrées :

- Miel.
- Réglisse.
- Vanille.
- Noisette.
- Pain grillé.

QUEL BUDGET ?

L'inflation a bien sûr fait grimper les prix de ces liquides exotiques de canne à sucre, mais leurs tarifs restent plus abordables que ceux des whiskies, notamment dans la catégorie des rhums vieux. On peut remarquer une différence de 20 à 30 % entre un rhum vieux et un whisky vieux du même âge. Les sites marchands vous facilitent la vie en vous proposant des fourchettes de prix.

Voici une estimation de prix pour vous y retrouver dans cette jungle du rhum avant de foncer faire du shopping :

LE RHUM BLANC AGRICOLE

Tout dépend du degré d'alcool, du volume de production (le prix peut être plus élevé pour une petite production artisanale) et de l'origine.

- Un rhum entre 40 et 60° : entre 20 et 80 euros.

LE RHUM AGRICOLE VIEUX

Le prix varie selon l'âge et la provenance, et la cote de la distillerie.

- Un VOSP : entre 45 et 80 euros.
- Un XO : entre 70 et 130 euros.
- Un 10 ans : entre 110 et 350 euros.

LE RHUM HISPANIQUE

- Entre 7 et 20 ans pour des rhums vieillis selon la méthode solera : entre 40 et 80 euros.

LE RHUM ANGLO-SAXON BLANC

Les degrés sont souvent plus élevés que ceux des rhums agricoles.

- Autour de 40° : entre 25 et 35 euros.
- Autour de 60° : entre 40 et 100 euros.

LE RHUM ANGLO-SAXON VIEUX

Tout dépend du degré d'alcool, de l'âge, de l'origine et de la rareté de la distillerie.

- Un rhum XO : entre 50 et 100 euros.
- Un rhum plus âgé : entre 60 et 300 euros.

LES RHUMS COLLECTORS

Attachez-vous bien à votre livre ! La spéculation est à la mode ces temps-ci. Un rhum collector peut atteindre **2 500 euros, voire 3 000 euros** pour des distilleries fantômes mises en vente par des embouteilleurs indépendants.

POUR AVOIR L'AIR D'UN PRO

A

Aguardiente : signifie « eau ardente » en espagnol et désigne une catégorie de rhums blancs en Amérique du Sud.

Alambic : appareil de distillation utilisé pour la fabrication du rhum, il en existe de différents types (charentais, pot still, à repasse, à colonne…).

AOC : appellation d'origine contrôlée (exemple : « rhum de Martinique »).

B

Bagasse : résidu des tiges de canne à sucre dont on a extrait le jus, utilisé comme combustible.

Batch : cuvée produite en petite quantité.

Bio : label garantissant la non-utilisation de pesticides dans la culture de la canne.

Blend : résultat du mélange de différents rhums dont les âges et les origines peuvent différer.

Brut de colonne : rhum embouteillé au degré auquel il sort de la colonne de distillation.

Brut de fût : rhum embouteillé au degré auquel il sort de son élevage sous bois.

C

Cachaça : eau-de-vie brésilienne obtenue par fermentation et distillat du jus de canne à sucre.

Cask strength : rhum qui n'a subi aucune modification entre sa mise en fût et sa mise en bouteille.

Clairin : alcool de Haïti obtenu à partir de jus de canne fermenté et distillé.

Cœur de chauffe : liquide pur que révèle la canne à sucre dès la sortie de la distillation.

Colonne de distillation : appareil permettant de distiller le rhum de façon continue.

Colonne créole : colonne de distillation à étages dont les plateaux sont percés, utilisée dans les Antilles françaises.

Compte d'âge : élevé sous bois, VO, VSOP, XO font partie des indications de compte d'âge que l'on retrouve sur les étiquettes des bouteilles de rhum.

D

Distillat : liquide obtenu par condensation de la vapeur recueillie en fin de distillation.

Distillation en continu : l'appareil est alimenté de façon permanente, tandis qu'on soutire, à débits et compositions fixes, un distillat et un résidu respectivement en tête et au fond de l'appareil.

DOP : *denominación de origen protegida*, équivalent d'une AOC avec un cahier des charges à respecter.

Douelle : ou douve, est une pièce en bois de chêne qui forme avec d'autres la paroi des tonneaux.

Dunder : vinasse issue des résidus de distillation utilisée dans l'élaboration de rhums *high ester*.

Le lexique du rhum

Pour avoir l'air d'un pro

E

Élevé sous bois : nom générique pour identifier les rhums ayant été élevés entre douze et vingt-quatre mois en fûts ou en foudres de chêne.

Engenho : moulin à sucre.

Esters : molécules autres que l'eau et l'alcool, ces composantes aromatiques sont à l'origine de beaucoup d'arômes et sont mesurées pour définir la concentration d'un rhum.

F

Fermentation : processus durant lequel les levures convertissent le sucre en alcool. Elle dure de quelques heures à plusieurs semaines.

Filtration : processus non systématique d'élimination des derniers éléments jugés indésirables, comme des éléments gras, ou d'atténuation de la couleur d'un rhum, avant la mise en bouteille.

Finish : pratique qui consiste à faire vieillir le rhum pendant quelques mois dans un autre fût que celui d'origine, généralement un fût qui a déjà fait vieillir un autre alcool.

Foudre : type de fût en bois de grande contenance qui permet au rhum de vieillir sans trop absorber les arômes du bois.

G

Grog : boisson à base d'eau chaude sucrée, de rhum et de citron.

H

High ester : appellation qui désigne les rhums de mélasse qui ont une très forte concentration en « éléments non alcool » très aromatiques.

HLAP : hectolitre d'alcool pur (unité de mesure).

I

IG : l'« indication géographique » désigne un rhum qui a été produit sur un territoire donné.

J

Jaggery : sucre non raffiné, traditionnel dans le monde indien, préparé en chauffant du vesou ou du sirop de palme.

L

Levure : petits champignons qui utilisent le sucre contenu dans la mélasse ou le jus de canne pour le transformer en alcool.

M

Millésime : rhum dont la canne à sucre provient d'une seule et même récolte.

Monovariétal : se dit d'un rhum élaboré à partir d'un seul type de canne.

Muck pit : fosse souterraine où sont mélangés le dunder et des déchets organiques, généralement en Jamaïque. Cette soupe noire est utilisée pour réaliser des rhums *high ester*.

N

Navy proof : désigne un rhum des anciennes colonies britanniques destiné aux marins. Il est assemblé et embouteillé à 57°.

O

Overproof : se dit d'un rhum dont le degré d'alcool est supérieur à 57°.

Ouillage : méthode destinée à limiter la part des anges en complétant le fût avec un autre rhum afin de réduire l'évaporation.

P

Parcellaire : se dit d'un rhum dont les cannes proviennent d'une seule et même parcelle.

Part des anges : part de liquide qui s'évapore lors du vieillissement d'un rhum (entre 2 et 8 % selon le climat).

Pot still : alambic anglais en forme d'oignon se terminant par un col-de-cygne.

Pur jus de canne à sucre : rhum issu de la distillation de vin de canne.

R

***Rancio* :** terme espagnol définissant les parfums de noix et de torréfaction que prennent certains vins après une longue et lente oxydation.

Rhum agricole : alcool de canne obtenu après fermentation et distillation de pur jus de canne à sucre.

Ron : désigne les rhums de tradition espagnole, principalement en Amérique latine.

Rum : rhum de tradition anglaise.

S

Single cask : rhum provenant d'un seul et même fût.

Sirop de batterie : concentré de jus de canne cuit obtenu par évaporation.

Solera : technique de vieillissement d'origine espagnole consistant à assembler des fûts de différentes années.

Spiced : se dit des rhums auxquels sont ajoutées des épices édulcorées ou non.

T

Tafia : nom donné aux eaux-de-vie de mélasse, ancêtres du rhum.

Tiki : il a une origine mythologique et sacrée pour les Polynésiens, et a été revisité en verres à cocktail.

V

Vesou : jus de canne fraîche.

Vin : jus de canne fermenté.

Vinasse : liquide résiduel après fermentation très aromatique.

VO : mention d'âge avec un minimum de 3 ans.

VSOP : mention d'âge avec un minimum de 4 ans.

X

XO : mention d'âge avec un minimum de 6 ans.

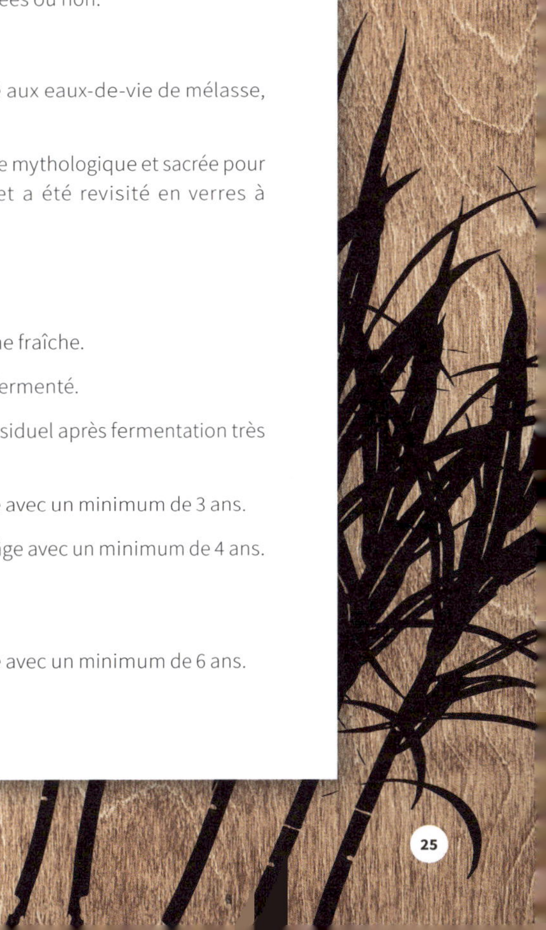

- SUR LA ROUTE DES RHUMS -

LE TOUR - DU - MONDE DU RHUM

– TOUR DU MONDE DU RHUM –

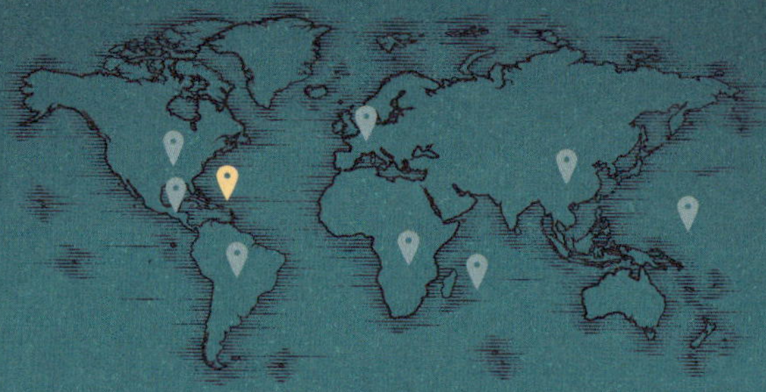

BIENVENUE AUX

CARAÏBES

- DESTINATION -

LES PETITES ANTILLES

LA MARTINIQUE

UNE BALADE DANS LE PAYS

La Martinique, appelée aussi « l'île aux fleurs », est surplombée au nord par la montagne Pelée, volcan imposant toujours en activité qui, avant de faire la joie des touristes, fit le malheur des habitants de Saint-Pierre lors de l'éruption meurtrière de 1902.

Sur ses contreforts, une végétation digne d'un décor d'Indiana Jones plonge les promeneurs dans une ambiance de jungle luxuriante. Pour les amateurs de rhum, impossible de louper l'habitation Clément, cette splendide bâtisse préservée, au mobilier du XIXe, avec sa distillerie et ses chais où le temps semble s'être arrêté.

Comme partout sur l'île, la mer n'est jamais loin, entre criques sauvages et lagunes à l'eau turquoise, et pour observer la faune préservée dans toute sa splendeur, direction la réserve naturelle de la Caravelle avant de choisir la prochaine distillerie à découvrir.

LE MARCHÉ DU RHUM DE LA MARTINIQUE

- **Le rhum agricole de la Martinique bénéficie de l'appellation AOC Martinique depuis 1996.** C'est le premier rhum AOC au monde. Les distilleries doivent répondre à un cahier des charges bien précis pour obtenir l'appellation.
- Le rhum de la Martinique est **réalisé à partir de jus de canne à sucre fermenté** et distillé dans un alambic à colonne.
- **L'île compte sept distilleries** travaillant selon le cahier des charges de l'AOC et une distillerie pour du rhum non AOC.
- **La Martinique se divise en plusieurs régions marquées par leur terroir :** le Nord-Ouest, avec un sol volcanique et tout en relief et un climat tropical humide ; le Nord-Est, qui se distingue par son sol argileux et des variations de température ; le Centre, avec des pluies modérées et un sol fertile ; et enfin le Sud, doté d'un climat sec et d'un sol argileux et boosté en fer.
- La majorité de la production de cannes à sucre sert **à la fabrication du rhum** dans les sept distilleries.
- **La canne à sucre peut être récoltée entre le 1er janvier et le 31 août** car c'est une saison sèche où la canne est gorgée de sucre.
- Environ **quatorze variétés de cannes à sucre peuvent être cultivées** sur les terres martiniquaises selon l'AOC.

CAP SUR SES PRODUCTEURS

SAINT-JAMES : LE SAVOIR-FAIRE DE L'AOC DE MARTINIQUE

Sa bouteille carrée ne passe pas inaperçue sur les étagères d'un caviste. Il faut remonter en 1882 pour en connaître ses origines.

À l'époque, Paulin Lambert, négociant à Marseille, est le propriétaire de cette distillerie, née en 1765 à Saint-Pierre. Cet entrepreneur visionnaire dépose le brevet de ce format inédit dans le monde du rhum (l'objectif était d'optimiser l'espace dans les cales des bateaux) ainsi que la marque Saint James. Aujourd'hui, la distillerie se positionne comme le premier producteur de rhum français.

Direction Sainte-Marie, à quelques kilomètres de la montagne Pelée, où la distillerie Saint James a réuni ses quatre sites de production. Elle utilise ses propres cannes à sucre, mais aussi celles d'une quarantaine de producteurs, qui n'ont subi aucun traitement insecticide ni fongicide. Les rhums de la maison sont tous distillés dans des colonnes créoles géantes composées de 25 à 35 plateaux pour sortir un jus ou « rhum de coulage » titrant entre 65 et 75° (obligation de l'AOC) pour extraire un maximum d'arômes.

LES DEUX PRODUITS PHARES

RHUM BLANC BIO RÉCOLTE 2022, 56,5°, 70 CL

Saint James poursuit son travail sur le développement de ses rhums blancs bio sous l'œil averti de l'œnologue et responsable de production Marc Sassier. Cette cuvée est issue de jus de cannes à sucre bio récoltées sur quatre parcelles réparties sur 29,86 hectares (Trinité et Robert). Celles-ci ont été coupées du 22 au 24 juin 2022 tandis que le jus a fermenté et a été distillé en colonne créole du 24 au 27 juin 2022. Un rhum salué par les critiques !

Au nez : on tombe sous le charme des notes de cannes fraîches, mais aussi des arômes de miel, d'acacia et de confiture.

En bouche : une expression qui marque la mémoire avec des notes végétales et herbacées, des notes anisées et de fruits compotés.

TRÈS VIEUX RHUM 9 ANS, 43°, 70 CL

Tout l'art du vieillissement de Saint James se retrouve dans ce trésor de saveurs après le 7, le 12 et le 15 ans. Ce très vieux rhum a reposé pendant neuf ans dans des fûts de chêne français roux ex-cognac en climat tropical pour aboutir à une extraction optimale. Un incontournable de la maison.

Au nez : les amateurs de la maison seront séduits par son nez suave ponctué par des notes de fruits confits et un brin d'épices.

En bouche : une cuvée qui a trouvé son équilibre. On aime ce côté gras qui évolue sur des notes cacaotées et de moka et sa belle longueur fruitée.

La partie vieillissement est le clou du spectacle. Saint James dispose du plus grand chai de l'île (61 foudres et environ 16 000 fûts ayant majoritairement contenu du bourbon mais aussi des fûts de chêne français) géré par le responsable de production, Marc Sassier, une star dans la planète du rhum. Depuis 2020, la distillerie a ouvert sa gamme sur des rhums bruts de colonne sans réduction à la fin de la distillation et sur des rhums vieux haut de gamme pour des connaisseurs et collectionneurs.

Surtout, ne quittez pas l'île aux fleurs sans visiter le site touristique de la maison : l'habitation Saint-James, le musée du Rhum, le musée de l'Alambic et une balade en train jusqu'à l'habitation La Salle où sont réunis l'atelier du rhum et les chais.

DEPAZ :
UNE DISTILLERIE À L'HISTOIRE MOUVEMENTÉE

Le rhum Depaz, c'est l'histoire d'une renaissance.

Née en 1651, l'habitation La Montagne installée sur le flanc de la montagne Pelée, au nord de l'île, multiplie les activités : élevage, culture du tabac mais aussi de la canne à sucre, puis production de rhum. En 1902, l'éruption du volcan détruit la ville de Saint-Pierre et l'habitation. Le bilan est très lourd : 30 000 morts, dont tous les membres de la famille de Victor Depaz, resté à Bordeaux pour ses études. Après sept ans de deuil, le jeune homme revient sur les terres de ses ancêtres, reconstruit une distillerie en 1917 au bord de la baie de Saint-Pierre et la demeure familiale, baptisée rapidement château Depaz. Grâce à la richesse de ses sols volcaniques, ses rhums bénéficient d'une belle profondeur aromatique et sont rapidement récompensés. Aujourd'hui sous le giron du groupe La Martiniquaise, la distillerie Depaz pratique une politique environnementale pour limiter son empreinte carbone et vient d'obtenir la certification ISO 14001. C'est la première distillerie martiniquaise à recevoir cette distinction.

LES DEUX PRODUITS PHARES

DEPAZ CUVÉE DE LA MONTAGNE, 45°, 70 CL

Ce rhum blanc provient de jus de cannes à sucre récoltées sur les flancs de la montagne Pelée (d'où son nom). Sa longue fermentation, associée à une réduction très lente, plus une maturation de trois mois avant la mise en bouteille, combine tous les bonus pour donner un produit ultra-aromatique.

Au nez : que de belles surprises aromatiques, avec la fraîcheur de la canne et des senteurs fruitées et florales.

En bouche : un panaché de saveurs miellées, fruitées et florales qui sont un rayon de soleil pour la journée.

DEPAZ RHUM TRES VIEUX RESERVE SPECIALE VSOP, 45°, 70 CL

Cette bouteille d'exception à mettre dans toutes les mains, est un assemblage de rhums vieillis en fûts de chêne finement sélectionnés. Ce rhum a été primé à plusieurs reprises.

Au nez : on flaire avec passion des arômes aussi bien gourmands de chocolat, de fruits sec grillés, de vanille, de tabac et de doux boisé.

En bouche : rondeur, gourmandise et douces notes de bois, nos papilles montent au paradis.

J. BALLY : LA DISTILLERIE À LA BOUTEILLE PYRAMIDALE

Cette distillerie, fondée par l'ingénieur Jacques Bally, fête cette année ses 100 ans.

Ce visionnaire a acheté le domaine sucrier Lajus pour construire son site de production équipé d'un alambic créole façonné par ses soins. Inspiré par le process du cognac et des alcools fins, Jacques Bally est le premier producteur à s'intéresser au vieillissement du rhum agricole dans les années 1920. Une révolution ! Autre coup de génie de cet esprit avant-gardiste : la création d'une bouteille pyramidale pour commercialiser son rhum. Aujourd'hui sous le giron du groupe La Martiniquaise, le rhum est produit à la distillerie Saint James sous le contrôle de Marc Sassier.

RHUM J.M : UNE DISTILLERIE LOCALISÉE DANS UN ENVIRONNEMENT PARADISIAQUE

Il faut grimper tout au nord de l'île pour découvrir ce joyau du rhum lové dans un paysage luxuriant paré d'une biodiversité incroyable sur 400 hectares.

Installée au pied de la montagne Pelée, la distillerie de Fonds-Préville a fleuri à proximité de Macouba en 1845. En effet, le domaine sucrier a été racheté par Jean-Marie Martin, qui produit un rhum rapidement populaire sous les initiales J.M. En 1912, la distillerie passe dans les mains de la famille Crassous de Médeuil avant d'être la propriété du groupe Bernard Hayot en 2002. Modernisation, lifting, symbiose avec la nature, la distillerie aux couleurs noir et rouge reflète la nouvelle image du rhum martiniquais respectant l'appellation AOC. La maison martiniquaise produit ses propres plants de canne qui sont élevés dans une pépinière avant d'être plantés. 75 % des cannes sont récoltées aux alentours de la distillerie pour préserver leur fraîcheur. Après fermentation, le jus de canne à sucre est distillé, dans les règles de l'art, dans deux colonnes créoles en cuivre.

LES DEUX PRODUITS PHARES

J.BALLY RHUM BLANC, 50°, 70 CL

Primé à plusieurs reprises au Concours Général Agricole, ce rhum blanc exprime le savoir-faire de cette appellation rhum AOC martiniquais. Il est produit aujourd'hui à la distillerie Saint James. Il est idéal pour un ti-punch aux saveurs explosives.

Au nez : un feu d'artifice d'arômes de canne fraîche, qu'on attend d'un rhum blanc martiniquais.

En bouche : une explosion de fraîcheur, d'agrumes et de fruits saupoudrés d'épices, qu'on attend toujours d'un rhum blanc martiniquais.

J.BALLY BATCH Nº 2 CUVÉE ART DÉCO 2, 43,5°, 70 CL

Une splendide bouteille collector à afficher dans sa cave à rhums. Deuxième édition de cette collection qui met sous les projecteurs le flacon pyramidal iconique de la distillerie, cet extra rhum vieux agricole est aussi un hommage au travail pionnier de vieillissement de Jacques Bally. Cette cuvée réunit un assemblage unique de trois millésimes : 1999, 2006 et 2007.

Au nez : une ode à la gourmandise alliant des arômes de fruits séchés, d'épices et de bois.

En bouche : une expression qui ravira tous les amateurs de rhums vieux agricoles pour ses notes boisées, épicées et surtout gourmandes.

RHUM J.M : UNE DISTILLERIE LOCALISÉE DANS UN ENVIRONNEMENT PARADISIAQUE

Le vieillissement est l'un des points forts des rhums J.M qui reposent dans des fûts de chêne français et américain, neufs ou d'occasion, pendant plusieurs années. L'entreprise est l'une des rares sur l'île à pratiquer le brûlage des fûts pour obtenir des saveurs exceptionnelles. Un vrai spectacle ! Cette distillerie très engagée dans le développement durable (25 % des investissements agricoles sont destinés à la recherche sur l'agriculture raisonnée) travaille en économie circulaire (recyclage des déchets) pour limiter son empreinte carbone.

Pendant la période de récolte de la canne, la distillerie J.M propose une visite gratuite, « EDEN Tours », pour plonger dans les coulisses de la maison : visite des champs et découverte du circuit de revalorisation des coproduits – la bagasse, la vinasse et les cendres de la production.

LES DEUX PRODUITS PHARES

RHUM J.M BLANC JARDIN MACOUBA, 53,4°, 70 CL

Cette bouteille au joli décor floral renferme un rhum premium de pur jus de canne à sucre ayant bénéficié d'une longue période de fermentation. Son nom fait référence à la rivière coulant près de la distillerie. Un rhum parfait pour mixer des cocktails en tout genre.

Au nez : une balade aromatique dans le jardin de la distillerie de Fonds-Préville, entre fleurs sauvages, agrumes et poivre.

En bouche : cette expression surprend par sa puissance et son bel équilibre.

RHUM J.M ATELIER JARDIN FRUITÉ, 42°, 70 CL

Ce rhum fait partie de la trilogie de la gamme Atelier des Rhums dédiée à l'univers de la mixologie, en collaboration avec le chef barman Joseph Akhavan. Chaque cuvée se distingue par un profil atypique pour être mixée parfaitement en cocktail. Rhum J.M Atelier Jardin Fruité a vieilli pendant deux ans en fûts de chêne américain et français.

Au nez : des arômes inspirants de fruits exotiques flambés, d'agrumes confits ou de gousse de vanille pour des créations cocktails estivales.

En bouche : un séduisant bouquet aromatique rond, gourmand et fruité pour faire saliver les papilles.

RHUM CLÉMENT

Comprendre l'histoire du rhum martiniquais, c'est passer par la case Rhum Clément qui offre, dans son ancienne distillerie, aujourd'hui l'habitation Clément, un voyage dans le temps parmi ses 300 variétés de fleurs et de plantes tropicales.

Basée sur le domaine de l'Acajou, au François, l'habitation a développé l'activité de sucrerie avant de se transformer en distillerie en 1917 pour les besoins en alcool de l'armée pendant la Première Guerre mondiale. En 1986, la distillerie devient la propriété du groupe Bernard Hayot qui transfère la production à la distillerie du Simon (également producteur pour le rhum HSE). Le vieillissement dans les chais reste sous le contrôle du domaine. Clément se positionne comme l'un des plus gros producteurs de la Martinique aussi bien en rhums blancs qu'en rhums vieux. Aujourd'hui, l'habitation Clément représente l'un des sites les plus visités en Martinique avec plus de 200 000 visiteurs par an.

Le domaine regroupe la maison principale de la famille Clément de 1887 à 1986, à l'architecture traditionnelle dans le style créole ; un magnifique jardin exotique sur 16 hectares labellisé « jardin remarquable » par le ministère de la Culture et de la Communication, où se côtoient les anciens outils de la distillerie et la flore verdoyante ; l'ancienne distillerie, aujourd'hui rebaptisée Centre d'interprétation du rhum, qui livre toutes les clés de la production et qui mérite de s'attarder une bonne heure ; les quatre chais ouverts au public où reposent plus de 2 millions de litres de rhum dans des fûts disposés en pyramide avant d'être assemblés par le maître de chai. Ouverte depuis 2006, la fondation Clément met à l'honneur l'art contemporain et réunit de nouveaux espaces pour accueillir ses visiteurs à travers des expériences sensorielles. Depuis 2016, un nouveau bâtiment à l'architecture moderne abrite trois salles d'exposition. Il faut absolument découvrir l'Atelier des sens, qui promeut le savoir-faire du rhum Clément par le biais de différentes activités (historique, technique, art de vivre et sensorielle). Un véritable paradis pour voir de ses propres yeux les vieux millésimes ainsi que le bar design où a lieu la dégustation.

LES DEUX PRODUITS PHARES

RHUM BLANC CLÉMENT CANNE BLEUE 2022, 50°, 70 CL

Si vous êtes un amateur de rhum martiniquais, cette cuvée est faite pour vous. Le rhum blanc Clément Canne bleue est le premier rhum agricole réalisé à partir de la distillation d'une seule variété de canne, la canne bleue, lancée pour la première fois en 2001. Celle-ci se distingue par de jolis reflets violets et un goût généralement très fruité et riche en sucre. Chaque année, la maison Clément sort pour ce rhum un millésime.

Au nez : fraîcheur et notes d'agrumes explosent aux narines.

En bouche : on est immédiatement séduit par ses notes acidulées de yuzu et sa douceur florale et miellée.

RHUM CLÉMENT SHRUBB LIQUEUR CRÉOLE, 40°, 70 CL

Une institution parmi la gamme du rhum Clément, très appréciée des palais gourmands. Cette recette ancestrale est un assemblage de rhums vieux et de rhums blancs où ont macéré des épices et des écorces d'orange. À accompagner avec un baba !

Au nez : une balade dans un paysage envahi d'orangers.

En bouche : le combo parfaitement équilibré de rhum, d'écorces d'orange et d'épices.

NEISSON : AUTEUR DU PREMIER RHUM BLANC MARTINIQUAIS BIO

Cette distillerie familiale est plébiscitée par tous les geeks de rhum. L'une des raisons de cet engouement ? C'est la première maison à avoir lancé des rhums certifiés bios en 2016.

L'histoire de Neisson est encore fraîche puisque la maison a démarré son activité au début du xxe siècle, en 1932. Propriétaire de 20 hectares de champs de cannes à sucre, le commerçant Adrien Neisson a monté la distillerie avec son frère Jean, ingénieur chimiste au Carbet, sur la côte nord-ouest de la Martinique. Vingt ans plus tard, le tandem part à la conquête du marché français, équipé du nec plus ultra des alambics, la colonne Savalle en cuivre modifiée par Jean Neisson. La distillerie lance sa cuvée iconique, un rhum blanc à 52,5°, le Z'épol Karé. Un carton ! Depuis, les méthodes qui ont fait le succès de la distillerie n'ont pas changé : une fermentation longue de soixante-douze à cent vingt heures, des levures indigènes prélevées sur ses propres cannes à sucre, une distillation dans une colonne Savalle. En 2012, le nouveau gérant, Grégory, a démarré la conversion en bio sur une partie de ses parcelles et s'attache à travailler avec son équipe selon des méthodes durables.

LES DEUX PRODUITS PHARES

NEISSON L'ESPRIT BIO, 70°, 70 CL

Attention événement ! C'est le premier rhum bio AOC du monde. La maison novatrice Neisson a attendu cinq longues années pour obtenir la certification AB. Ce rhum a été réalisé à partir de différentes cannes à sucre issues de ses parcelles labellisées bios (canne rouge B64, cannelle B82.033 et zicak B59). Son haut degré alcoolique demande une dégustation sans précipitation.

Au nez : un parfum qui réveille sec les narines avec ses notes de canne fraîche, de citron vert et de fleurs blanches.

En bouche : des saveurs fidèles aux arômes électrisants de fraîcheur citronnée.

NEISSON PROFIL 105, 54,2°, 70 CL

Lancée en 2018, cette cuvée célèbre d'abord les 85 ans de la maison Neisson, mais aussi sa nouvelle direction dans la production de son rhum : un travail approfondi sur le vieillissement avec des fûts et des chauffes inédits pour donner une identité affirmée à ses produits. Ce rhum ambré a reposé dans des fûts neufs avec un profil de chauffe n° 105.

Au nez : un rhum qui marque les mémoires olfactives avec des notes d'agrumes épicées, de café torréfié et d'abricot.

En bouche : on adore la belle longueur de ce rhum complexe porté sur les épices, les notes de réglisse et de canne fraîche.

LA FAVORITE :
L'UNE DES DISTILLERIES LES PLUS TRADITIONNELLES DE LA MARTINIQUE

C'est à l'ouest de l'île, à quelques kilomètres de Fort-de-France, que la distillerie de la famille Dormoy, La Favorite, fait turbiner, depuis 1905, ses deux colonnes créoles à l'aide d'une machine à vapeur.

Depuis 2006, Franck Dormoy, la quatrième génération, a repris les rênes des machines en donnant une identité durable à ses rhums : cannes coupées à la main, étiquettes issues à 95 % de fibres de canne à sucre et à 5 % de fibres de chanvre et de lin, bouchon cacheté à la cire.

Sa production est réduite à un peu moins de 500 000 litres de rhum à 55° par an, ce qui ne lui interdit pas de faire vieillir ses rhums sur une longue période (jusqu'à trente ans). 20 % de la production repose en fûts dans ses deux chais abritant 2 400 barriques (ex-fûts de cognac et ex-fûts de bourbon). Quant à ses rhums blancs, ils sont réputés pour être les plus doux de l'AOC. Pour votre information, la visite de la distillerie ne comprend que la partie technique puisque l'habitation a été vendue depuis quelques années.

LES DEUX PRODUITS PHARES

RHUM BLANC LA FAVORITE CŒUR DE CANNE, 50°, 70 CL

Une excellente introduction pour s'approprier l'univers des rhums blancs de la distillerie, naturellement sucrés. Celui-ci est réalisé à partir d'une sélection précise de cannes à sucre, avec une fermentation plus longue et une distillation en colonne créole.

Au nez : une tornade de canne fraîchement coupée tendant vers des arômes doux d'agrumes et de fruits exotiques.

En bouche : une rondeur, une belle onctuosité, de délicates notes de fleurs blanches, tout ce qu'on attend d'un rhum blanc agricole.

RHUM AMBRÉ LA FAVORITE CŒUR DE CANNE AMBRÉ 2 ANS, 45°, 70 CL

Malgré ses deux années sous bois, le Cœur de Canne ambré 2 ans n'est pas un vieux rhum (trois ans de vieillissement selon l'AOC), mais un rhum excellent et innovant qui donne un avant-goût des rhums vieux de la maison.

Au nez : pas de doute sur ses origines, le côté floral, frais et épicé est présent dans ce rhum agricole.

En bouche : on apprécie ses saveurs légèrement toastées de bananes flambées, de miel, de vanille.

TROIS RIVIÈRES :
UNE MAISON INCONTOURNABLE SUR LES TERRES MARTINIQUAISES

C'est l'une des distilleries emblématiques de l'île aux fleurs, identifiable par ses bouteilles aux couleurs turquoise de la mer des Caraïbes.

Fondée en 1661, cette maison de rhum a vécu de multiples péripéties avant d'être reconnue dans le monde entier pour la qualité de ses rhums agricoles cristallins et de ses rhums vieux. Elle a débuté son activité comme sucrier à Sainte-Luce avant de se consacrer uniquement au rhum un siècle plus tard. Aujourd'hui, la production a été déplacée à la distillerie La Mauny à Rivière-Pilote, mais l'ancien domaine sucrier accompagné de son impressionnant moulin est devenu un site touristique très convoité. L'arrivée du maître de chai Daniel Baudin en 1991 (élu meilleur maître de chai du monde en 2019) et le rachat en 2004 par la société BBS (Bellonie et Bourdillon Successeurs), également propriétaire de la maison La Mauny, ont donné un sacré coup de boost à la qualité des rhums blancs agricoles, sublimant les saveurs de la canne fraîche, et un bel essor à la collection de rhums vieux élevés dans des fûts minutieusement choisis par le maître de chai. Depuis 2019, la distillerie est sous le giron du groupe international Campari, en quête constante du respect de l'appellation AOC.

LES DEUX PRODUITS PHARES

TROIS RIVIÈRES CUVÉE DE L'OCÉAN, 42°, 70 CL

L'un des rhums blancs exceptionnels de la Martinique, camouflé dans une bouteille opaque de couleur turquoise. Cette Cuvée de l'Océan est élaborée à partir d'une variété spécifique de canne à sucre cultivée en bord de mer sur les parcelles de l'anse Trabaud. Ce rhum a reçu de nombreuses médailles méritées dans différents concours.

Au nez : on navigue sur des arômes fruités qui sentent bon les vacances et la fraîcheur.

En bouche : on surfe sur des notes salines et iodées associées à la fraîcheur de la canne.

TROIS RIVIÈRES VO CUVÉE DU MOULIN, 40°, 70 CL

Si votre palais n'a jamais goûté à une goutte de rhum vieux de la Martinique, voici la cuvée toute trouvée ! Trois Rivières VO est un bel hommage à l'histoire de la plantation Trois Rivières. Signé par Daniel Baudin, ce rhum est un assemblage de rhums triés sur le volet, vieillis pendant plus de trois ans dans des fûts de chêne français et dans d'ex-fûts américains de bourbon.

Au nez : un rhum élégant qui associe des arômes finement boisés à ceux de la canne fraîche.

En bouche : on se laisse totalement envoûter par ses saveurs douces subtilement boisées et un brin épicées.

LA MAUNY

Elle fait partie des distilleries dinosaures de la Martinique. Fondé en 1749 au sud de la Martinique, dans la vallée verdoyante de Rivière-Pilote, le domaine est monté par un Breton, Ferdinand Poulain, comte de Mauny, en tant qu'habitation sucrière avant d'être transformé en distillerie en 1883.

Aujourd'hui, la distillerie produit du rhum pour trois marques martiniquaises – La Mauny, Trois Rivières et Duquesne – avec un outil de production bien étoffé : 36 cuves de fermentation d'une capacité de 30 000 litres chacune et trois colonnes de distillation. La distillerie possède ses propres terres de cannes à sucre mais se fournit à 30 % auprès de petits producteurs de l'île aux fleurs. L'une des caractéristiques de son process de production : une fermentation courte de vingt-quatre heures pour obtenir un maximum de saveurs. Un site à visiter tout au long de l'année, sans oublier le passage obligatoire dans son restaurant Kay Mimi, qui offre une cuisine créole authentique.

LES DEUX PRODUITS PHARES

RHUM LA MAUNY ACACIA, 50°, 70 CL

Ce rhum reflète l'excellent travail de ses maîtres distillateurs. Il bénéficie d'une fermentation spécifique et d'un finish en fûts d'acacia. Un bijou en cocktail ou en punch !

Au nez : honneur aux arômes de canne fraîche et d'agrumes.

En bouche : une expression gourmande portée sur les notes de miel et d'épices.

MAISON LA MAUNY SPICED, 40°, 70 CL

Le rhum épicé est aujourd'hui une vraie tendance pour donner un coup de peps aux cocktails. Maison La Mauny Spiced est l'un des rares rhums épicés à base de rhum agricole. Celui-ci est réalisé à partir d'une base de rhum ambré associé à des épices douces des Antilles : cannelle, vanille et muscade. Sa bouteille a été récemment relookée en référence aux *beach bars* de la Martinique.

Au nez : un décollage en douceur avec un brin de parfum épicé à l'arrivée.

En bouche : la Martinique dans un seul verre, avec un rayon de soleil épicé et doucement boisé.

HSE – DISTILLERIE DU SIMON : UNE DISTILLERIE À L'ESPRIT NOVATEUR

Voici l'histoire de la véritable success-story qui a agité le monde du rhum agricole martiniquais.

Leader du rhum martiniquais avant une phase déclinante à partir des années 1980, l'habitation Saint-Étienne a retrouvé un second souffle grâce à son rachat en 1994 (avec dans le package la distillerie du Simon) par Yves Hayot, un grand entrepreneur martiniquais tombé sous le charme de cette belle endormie, et sa femme Florette. Aucun investissement n'avait été engagé par la distillerie après la mise en place de l'appellation AOC rhum martiniquais en 1996. Ses colonnes de distillation ont été rapatriées à la distillerie du Simon, basée au François, au sud-est de l'île, tandis que les chais sont restés dans le cadre verdoyant de son site du Gros-Morne. En 1998, la société lance le premier single cask en Martinique. C'est le début d'une nouvelle ère pour l'habitation Saint-Étienne !

Au début des années 2000, la distillerie mise sur l'innovation : lancement des premiers rhums blancs millésimés, des premiers rhums VSOP et XO, en laissant de côté le compte d'âge et développement de l'affinage dans un second fût ayant contenu des spiritueux et du vin (whisky tourbé, sherry oloroso…) après une période de vieillissement. Une démarche totalement inédite dans le monde du rhum agricole ! En 2008, l'habitation Saint-Étienne laisse place à la marque HSE, marquant un signe de renouveau et de modernité pour la distillerie. Aujourd'hui, la maison produit environ 2 millions de litres de rhum selon les années dans la distillerie du Simon. C'est la première unité de rhum agricole en Martinique. Avis au fan-club de la maison, le domaine du Gros-Morne est l'un des hauts lieux touristiques de la Martinique (il est inscrit à l'inventaire des monuments historiques) avec ses neuf chais (entre 6 500 à 7 000 fûts), le jardin remarquable composé de 180 espèces botaniques et de différents espaces verdoyants, sans oublier la programmation de différentes expositions d'artistes locaux.

LES DEUX PRODUITS PHARES

HSE SINGLE CASK 2006, 47,8°, 50 CL

C'est l'une des pépites millésimées de la distillerie martiniquaise. Parfait reflet du caractère très aromatique des rhums vieux de la maison, HSE Single Cask 2006 a été sélectionné à partir d'un fût unique de 400 litres en chêne français, avec un vieillissement tropical de dix-huit ans.

Au nez : un rhum qui marque son territoire avec des arômes de café et de chocolat pour poursuivre sur des notes de fruits cuits.

En bouche : un véritable coup de foudre pour sa puissance et sa rondeur qui offrent une belle complexité aromatique.

FINISH SAUTERNES CHÂTEAU LA TOUR BLANCHE, 48°, 50 CL

La belle rencontre entre un vin bordelais et un rhum martiniquais. Ce grand spécialiste des finish hors des sentiers battus a sorti de ses chais un rhum agricole millésimé vieilli pendant six ans et affiné douze mois en barrique de chêne français d'un premier grand cru classé de sauternes, Château La Tour Blanche.

Au nez : les amateurs de sauternes seront sensibles à ses arômes d'épices et de fruits confits.

En bouche : les férus de rhum seront séduits par ses saveurs végétales, épicées et légèrement boisées.

A1710 : UNE DISTILLERIE À LA POINTE DE LA MODERNITÉ

Née en 2016, A1710 est l'une des plus jeunes distilleries de l'île des Antilles.

Son fondateur, Yves Assier de Pompignan, a fait bouillir ses neurones pour trouver un nom hors des sentiers battus : « A » symbolise l'artisanat et « 1710 » l'année d'arrivée de ses ancêtres en Martinique. Située au cœur du domaine de l'habitation du Simon, au François, la distillerie A1710 fait bouger les codes du rhum martiniquais : parcelle bio, coupe de la canne à sucre réalisée tout au long de l'année selon les besoins de la production, jusqu'à sept jours de fermentation et une distillation unique dans un alambic charentais doté d'une colonne de sept plateaux chauffés à feu nu, en cuivre, et un chai planté entre les montagnes et la mer. Ces différents facteurs additionnés apportent au rhum A1710 un profil aromatique unique.

ANNECDOTE

10 kilos de canne à sucre sont nécessaires pour produire 1 litre de rhum agricole à 55°.

LES DEUX PRODUITS PHARES

RHUM BLANC A1710 LA PERLE RARE CANNE BLEUE BIO, À 52,5°, 70 CL

Une cuvée aux saveurs atypiques pour des palais expérimentés. La distillerie créative A1710 a travaillé sur un rhum élaboré à partir de cannes bleues de sa parcelle bio certifiée ECOCERT.

Au nez : un voyage aromatique qui démarre par de la canne fraîche pour se prolonger sur l'agrume et le miel.

En bouche : un périple bien agité autour de saveurs de canne fraîche, de fruits exotiques et de banane cuite, avec une touche iodée.

RHUM BLANC A1710 LA PERLE BRUTE, 66°, 70 CL

Un nom explicite pour ce rhum blanc qui n'a pas été réduit, d'où son nom. Le rhum La Perle brute met en lumière les cannes à sucre de la parcelle Monsieur Paul Octave et a été élaboré à partir d'une longue fermentation de cinq jours, d'où son profil aromatique qui titille bien le palais.

Au nez : un premier contact sur des arômes fruités légèrement épicés et poivrés.

En bouche : un effet waouh grâce à son combo de saveurs de mangues confites, de noisette et de canne fraîche.

GUADELOUPE & MARIE-GALANTE

UNE BALADE DANS LE PAYS

Aller en Guadeloupe, c'est comme se poser sur les ailes d'un papillon tant les couleurs sont vives et variées : vert, bleu, rouge, noir.

Quel moment que d'assister au coucher de soleil sur le magnifique jardin botanique de Deshaies, au nord de Basse-Terre, ou encore d'escalader les flancs de la Soufrière, « le toit des Petites Antilles », mythique volcan d'où les chutes du Carbet entament leur descente au milieu d'une végétation florissante. Pointe-à-Pitre, principale ville de Guadeloupe, est connue pour ses célèbres marchés, vrais tourbillons de couleurs, de saveurs et de senteurs.

Ces lieux traditionnels sont réputés dans tout l'archipel, tel le pittoresque marché de la Darse, qui s'anime chaque matin avec ses poissons vendus depuis leurs barques par les pêcheurs, et ses étals de fruits et légumes exotiques. On ne part pas du marché sans avoir bu son ti-punch avec un rhum blanc à 50°. Non loin des côtes guadeloupéennes se trouve l'étonnante île de Marie-Galante, avec ses décors sauvages, ses sublimes plages et ses nombreux moulins qui lui ont valu le surnom d'« île aux cent moulins ». Sable blanc, cocotiers, lagons turquoise, si le nom originel de l'archipel est Karukera, soit « île aux belles eaux », c'est amplement mérité !

LE MARCHÉ DU RHUM DE GUADELOUPE ET DE MARIE-GALANTE

- La Martinique et la Guadeloupe sont le **berceau du rhum français**.
- **Cette île voisine de la Martinique compte treize distilleries et rhumeries** réparties entre Basse-Terre, Grande-Terre et Marie-Galante, qui produisent du rhum agricole, mais aussi du rhum industriel de mélasse.
- **La majorité des distilleries sont des entreprises familiales et indépendantes** qui préservent le savoir-faire de leurs ancêtres de génération en génération.
- **Depuis le 22 janvier 2015, le rhum de Guadeloupe a obtenu l'indication géographique protégée (IGP)** et il est soumis à un cahier des charges relativement souple qui permet à chaque distillerie d'avoir son style de rhum.
- **Comparés aux autres spiritueux, les rhums blancs agricoles sont embouteillés à des degrés élevés**, entre 50 et 62°, ce qui apporte des expressions aromatiques très intenses. Attention aux palais fragiles !
- **Très populaires grâce à leurs rhums blancs musclés**, les producteurs se focalisent aujourd'hui sur le vieillissement d'une partie de leur production de rhum en investissant dans de nouveaux chais.

CAP SUR SES PRODUCTEURS

DAMOISEAU :
LE MASTODONTE DU RHUM DE GUADELOUPE

Les adeptes du ti-punch ont tous, bien rangée dans leur bar maison, l'iconique bouteille de rhum blanc à 50°.

Le plus gros producteur de rhum de la Guadeloupe est une petite entreprise familiale localisée en Grande-Terre, gérée par Hervé (une sacrée personnalité) et Jean-Luc Damoiseau, rhumiers depuis trois générations. La maison voit le jour en 1942 avec le rachat de la distillerie de Bellevue par Roger Damoiseau.

Depuis, son logo, orné de deux hommes transportant un fût, s'affiche au fil des années dans tous les bons bars à rhum. Le domaine ne dispose pas de ses propres cultures, mais achète différentes variétés de cannes à sucre particulièrement juteuses et sucrées (jaune, verte, rouge) auprès de plusieurs producteurs. Équipée pour la distillation de deux colonnes de quinze à vingt-deux plateaux, Damoiseau travaille sur des jus à haut degré (86 à 88°) et est l'une des rares maisons sur l'île à créer des assemblages de rhum de canne à sucre et de mélasse.

Damoiseau, ce n'est pas uniquement du rhum blanc. La famille a investi dans un nouveau chai depuis 2005 pour lancer une gamme étoffée de rhum vieilli. Depuis 2019, une célébrité du bar français, l'Italien Danilo Grenci, a rejoint l'équipe en tant que *brand manager* pour apporter son expertise de mixologue à la maison guadeloupéenne.

LES DEUX PRODUITS PHARES

L'EXPÉRIENCE 69, 69°, 70 CL

Un bijou d'expérimentation. Ce rhum blanc est né le premier jour de distillation de la nouvelle colonne mise en service en mars 2017. Celui-ci a été réduit et brassé très lentement (pendant quatre ans), puis a reposé un an en cuve inox avant d'être embouteillé. Idéal en ti-punch.

Au nez : une bombe d'arômes de canne à sucre, de mangue et de cacao qui ne laisse pas indifférent.

En bouche : une sacrée puissance de notes végétales, d'agrumes, de papaye et de cacao.

DAMOISEAU VSOP, 42°, 70 CL

Une belle porte d'entrée pour plonger dans l'univers des rhums vieux de cette institution. Damoiseau VSOP est un assemblage de rhums pur jus de canne à sucre vieilli pendant quatre ans en fûts de chêne.

Au nez : un véritable périple ensoleillé de notes épicées, d'agrumes et de fruits secs grillés.

En bouche : un rhum rond et équilibré qui en fait le parfait compagnon pour un old fashioned.

LONGUETEAU : UNE FAMILLE UNIE POUR CRÉER UN RHUM D'EXCEPTION

Longueteau fait partie des marques de rhum agricole chouchoutes des cavistes. Vous en comprendrez la raison si vous faites un détour par le domaine campé dans un époustouflant cadre verdoyant à Capesterre-Belle-Eau sur Basse-Terre.

C'est la plus ancienne distillerie familiale de Guadeloupe en activité, née en 1895. Aujourd'hui, la cinquième génération a uni ses forces pour préserver le savoir-faire de la maison et élargir ses compétences à de nouveaux horizons : François, le père, à la partie agriculture ; Nicolas, le fils, à la distillation ; et François, le second fils, au vieillissement et à la commercialisation. Le domaine réunit douze parcelles de cannes à sucre bleues et rouges, poussant au pied du massif volcanique de la Soufrière, exploitées exclusivement pour le rhum.

Depuis l'arrivée du dynamique François fils, la distillerie Longueteau s'est investie dans un travail plus complexe autour des rhums blancs, mais aussi des rhums vieux. Belle démonstration avec la première gamme de rhums parcellaires de l'archipel. Parallèlement, la distillerie a lancé une seconde marque plus expérimentale, Papillon, qui utilise des cannes hors du domaine. Autre signe glamour de la maison : la famille a recruté la Guadeloupéenne Clémence Botino, Miss France 2020, comme brand ambassadrice. Très investie dans les actions sociales et la culture européenne, la distillerie Longueteau a créé en 2022 la Fondation Famille Longueteau, abritée par la Fondation de France. L'une de ses premières actions ? Son soutien au défi voile Solidaires en Peloton avec le skipper malouin Thibaut Vauchel-Camus sur la Route du Rhum 2022, porte-voix de la Fondation ARSEP pour sensibiliser le plus grand nombre à la sclérose en plaques.

LES DEUX PRODUITS PHARES

LE 62, 62°, 70 CL

Un rhum blanc qui ouvre le bal sur le riche terroir guadeloupéen, marqué par une belle puissance, et destiné à des amateurs de rhum. Cette cuvée fer de lance est un assemblage de 65 % de canne rouge et de 35 % de canne bleue. Six mois ont été nécessaires pour faire reposer et réduire ce joyau à ti-punch.

Au nez : il émoustille les narines avec son parfum prononcé d'agrumes.

En bouche : il séduit par sa belle longueur qui mixe fraîcheur et des notes intenses de citron vert.

LONGUETEAU SÉLECTION PARCELLAIRE Nº 4 MILLÉSIMÉ 2019, 55°, 70 CL

Ce rhum blanc agricole est le quatrième opus de la gamme parcellaire réalisé à partir d'une seule variété de canne à sucre (canne bleue) issue d'une seule parcelle exposée à la mer. Il a reposé et a été réduit pendant une année dans une cuve en inox.

Au nez : un voyage sur un voilier avec des effluves d'embruns.

En bouche : un nouveau périple exotique qui nous emmène sur un parcours aux notes iodées et végétales.

BOLOGNE :
UNE DISTILLERIE ENGAGÉE POUR LE BIEN-ÊTRE DE LA PLANÈTE

Depuis 2022, le rhum Bologne est le partenaire de la Route du Rhum, la célèbre course à la voile transatlantique en solitaire qui va de Saint-Malo à Pointe-à-Pitre.

Une occasion pour les Malouins et les férus de voile de découvrir l'une des distilleries les plus éthiques de l'île. Implanté au sud de Basse-Terre, le rhum Bologne a débuté son activité il y a plus de trois siècles avec la culture de la canne à sucre, avant de faire ses premières preuves dans la distillation en 1887. Sa spécificité en 2023 : la canne noire qui pousse sur ses 150 hectares de terre et son engagement dans les problématiques environnementales (culture bio, recyclage, énergie renouvelable…). En 2021, le domaine a obtenu la certification haute valeur environnementale (HVE) au niveau le plus élevé. Réputé pour la qualité de ses rhums blancs, le rhum Bologne monte d'un échelon avec l'arrivée d'une gamme de rhum vieux de haut vol.

LES DEUX PRODUITS PHARES

BOLOGNE RHUM BLANC BIO, 45°, 70 CL

Attention, événement ! C'est le premium rhum blanc bio de l'île de la Guadeloupe de cette distillerie qui défend l'agriculture raisonnée. La bouteille est ornée d'une étiquette en fibre de canne.

Au nez : on dirait que le bio développe de multiples saveurs. Canne fraîche, réglisse et fruits tropicaux sont au rendez-vous.

En bouche : c'est l'heure du *rhum time* avec une cuvée remplie de gourmandise et de fraîcheur.

RHUM VIEUX OLD BLACK CANE, 45°, 70 CL

C'est le second produit étendard de la distillerie !
Il représente le premier rhum vieux monovariétal à base de jus de canne à sucre noire très aromatique. Ce rhum a vieilli entre trois et six ans dans d'ex-fûts de cognac.

Au nez : on savoure cette expédition dans les basses terres parsemée de notes douces d'épices, de fruits rouges et de citron vert.

En bouche : on poursuit la balade sur un chemin plein de gourmandise marqué de fruits secs, de canne, de citron et un brin de poivre.

PAPA ROUYO :
UNE NOUVELLE DISTILLERIE QUI CHERCHE À CASSER LES CODES DE LA TRADITION

Lancée en 2021, la distillerie Papa Rouyo, basée en Basse-Terre, est le fruit du travail d'un collectif de maîtres canniers fort de plusieurs ambitions : valoriser le labeur des petits planteurs et le terroir de la Guadeloupe.

Pourquoi le drôle de nom de Papa Rouyo ? L'un de ses fondateurs s'appelle Joris Galli (également propriétaire de la microbrasserie Lekouz) et il est l'arrière-petit-fils de Charles Albert Ruscade, dit Papa Rouyo, maître cannier de 1920 à 1980. Pour se distinguer de ses confrères de Guadeloupe, la distillerie affûte ses cuvées grâce à un alambic charentais pour travailler lentement mais sûrement en double distillation. Le tout est orchestré par une *team* jeune et dynamique qui cherche à chahuter la tradition du rhum de l'île papillon. Après avoir lancé un rhum blanc réalisé, en partie, à partir de cannes à sucre surmaturées, Papa Rouyo enchaîne cette année, après de longues expérimentations, avec le lancement de son premier rhum vieux âgé de 3 ans. Un challenge !

LES DEUX PRODUITS PHARES

L'ŒILLETON, RHUM BLANC, 51°, À 70 CL

Papa Rouyo aime se distinguer de ses compères de la Guadeloupe. L'œilleton fait référence au bourgeon qui pousse et se développe sur le collet de la canne lorsque celle-ci est maturée, et rend hommage au travail des maîtres canniers. L'équipe de Papa Rouyo aime la précision, c'est pourquoi celle-ci indique sur ses étiquettes la variété des cannes utilisées par son code, comme ici : R579/B.80.0689.

Au nez : pas de doute, de la canne et encore de la canne avec une pointe d'épices.

En bouche : une belle surprise pour les papilles qui se régalent de belles notes douces et épicées.

SANBLAJ, RHUM AGRICOLE, 45°, 70 CL

Sanblaj signifie « assemblage » en créole. La distillerie s'est intéressée à l'assemblage de différents fûts de rhum de la maison (fût français neuf chauffe intense, fût américain neuf chauffe intermédiaire, fût roux ex-cognac) distillés deux fois et élevés avec douceur dans le chai. Ce rhum élevé sous bois pendant un an et onze jours a sublimé ses saveurs grâce aux douelles du fût ayant eu différents types de chauffe.

Au nez : ce rhum surprend par ses arômes gourmands de vanille et de sucre roux tirant sur la fleur d'oranger.

En bouche : pas de panique, pas le moindre signe de profil fumé en bouche. Honneur à de fines notes boisées et pâtissières.

REIMONENQ :
UNE DISTILLERIE, MAIS AUSSI UN INCROYABLE MUSÉE

Si vous souhaitez découvrir l'histoire du rhum de la Guadeloupe et tous ses mystères, direction la charmante distillerie Reimonenq, installée dans le paysage sauvage au nord de Basse-Terre.

C'est ici que vous rencontrerez son propriétaire, Léopold Reimonenq, qui vient de fêter ses 90 ans et 57 ans de savoir-faire, en pleine action. Fondée en 1916 par les deux frères Joseph et Fernand Reimonenq, la distillerie est gérée aujourd'hui par cet homme pêchu à l'esprit créatif, avec sa jeune équipe. Doté d'un terrain de 20 hectares, le domaine a pris une longueur d'avance depuis plusieurs années en travaillant sa canne à sucre en agriculture raisonnée. Autre atout de la maison : une excellente maîtrise du vieillissement à travers un chai de plus de 2 000 fûts (essentiellement fûts de bourbon). Le bonus : un musée ultra-pédagogique sur l'histoire et la production du rhum.

LES DEUX PRODUITS PHARES :

RHUM BLANC CŒUR DE CHAUFFE, 50°, 1 L

Ce rhum destiné au monde du cocktail a été couronné à plusieurs reprises au Concours général agricole. Il a été réalisé à partir de jus de canne à sucre dans un alambic à colonne.

Au nez : pas de demi-mesure. Hommage à la canne fraîche et au citron vert.

En bouche : on ne fait pas de chichi. Vive la canne et le citron vert, avec un brin de notes poivrées !

RHUM VIEUX JR CUVÉE SPÉCIALE, 40°, 70 CL

Ce rhum vieux rend hommage au fondateur Joseph Reimonenq avec ses initiales JR. Cette cuvée est un pur jus de canne vieilli pendant quatre ans en fût de bourbon. Le nouveau look de la bouteille annonce un vent de modernité dans la maison.

Au nez : une belle complexité autour d'arômes gourmands, fumés, et de fruits secs.

En bouche : une expression qui ne laisse pas indifférent avec ses multiples saveurs de fruits cuits, de tabac et de vanille.

CAP SUR SES PRODUCTEURS

BIELLE :
UN FOCUS SUR LES ANCIENNES VARIÉTÉS DE CANNES

La distillerie Bielle, née en 1789, a eu une vie plutôt mouvementée : d'abord plantation de café, puis raffinerie de sucre, le domaine s'est reconverti dans la distillation de rhum à la fin du XIXe siècle.

Aujourd'hui, la maison Bielle est gérée par l'agrotransformateur Dominique Thiery et a décidé de stopper sa culture de canne à sucre pour se fournir auprès de 6 % des 1 300 planteurs de Marie-Galante. Fermentation naturelle à l'air libre, distillation à trois colonnes, traitement des vinasses destinées aux plantes, la distillerie part dans de nouvelles directions pour sa production de rhum, telle la gamme monovariétale créée à partir de cannes tombées dans l'oubli, comme la canne grise, le genou cassé ou la baltazia.

LES DEUX PRODUITS PHARES

BIELLE RHUM BLANC BALTAZIA, 59°, 50 CL

L'innovante distillerie s'est lancée dans la production d'un rhum blanc issu d'une variété de canne débarquée à Marie-Galante au XIXe siècle et qui se fait de plus en plus rare sur l'île. Elle se caractérise par une tige très longue et une canne aux rayures violettes, jaunes ou vertes.

Au nez : on adore ses notes végétales très expressives avec une pointe de safran.

En bouche : la longueur en bouche fait son petit effet rafraîchissant pendant plusieurs minutes.

BIELLE RHUM BRUT DE COLONNE, 71,2°, 50 CL

Voici un rhum qui représente tout l'ADN de la maison Bielle, sans ajout ni réduction, distillé en petites colonnes et brut de colonne. À siroter tout en douceur.

Au nez : on est séduit par ses notes automnales de châtaigne et d'agrumes.

En bouche : un rhum avec du caractère qui séduit pour ses notes de canne très fraîche et de fruits blancs.

HABITATION BELLEVUE :
LE PREMIER DOMAINE AGRICOLE ÉCOPOSITIF

Un authentique moulin à vent surplombant un champ de 140 hectares de canne à sucre, des bâtiments en pierre protégeant du soleil les outils de production, un chai coiffé de panneaux photovoltaïques (pour produire l'énergie pour la distillerie), voici le paysage qui tape à l'œil dès l'arrivée à la distillerie basée à Capesterre-de-Marie-Galante.

Ce sucrier fondé en 1821 a sorti sa première bouteille de rhum en 1937. Depuis, le succès est venu sur sa route puisque Habitation Bellevue est le deuxième plus gros exportateur de rhum de la Guadeloupe et le troisième producteur de l'archipel. Très engagée dans les politiques environnementales, la distillerie peut se vanter d'être la première au monde à produire un « Single Estate écopositif » au profil floral et fruité. La construction d'un nouveau chai réunissant plus de 210 barriques de fûts français, américain et roux (4 000 d'ici quatre ans) annonce un développement massif de rhum vieux.

LES DEUX PRODUITS PHARES

HABITATION BELLEVUE RHUM BIO, 59°, 70 CL

Ce rhum blanc reflète les process de production durables de la distillerie de Marie-Galante, il est travaillé avec du jus de canne bio récoltée à la main.

Au nez : on est emporté par une vague de fraîcheur de canne qui s'adoucit avec des arômes de miel et de safran.

En bouche : pas de crainte, ce rhum blanc à haut degré s'apprivoise rapidement avec ses notes douces et végétales qui se terminent avec la vanille, le safran et l'anis étoilé.

HABITATION BELLEVUE VSOP, 45°, 70 CL

Enfin un rhum vieux d'Habitation Bellevue présent sur les étagères des cavistes en France. Vieilli pendant quatre ans en fûts de chêne français et américain, ce rhum VSOP est un assemblage de rhums agricoles et de mélasse distillés en colonne.

Au nez : on se laisse séduire par ce bouquet d'arômes chaleureux et gourmands de fruits secs et cuits.

En bouche : les amateurs de rhum vieux se délecteront de cette cuvée qui associe élégamment notes boisées et saveurs de cannelle, d'écorces d'orange et de pâtisserie.

L'INTERVIEW

ORIGINAL PRODUCT

FRANÇOIS LONGUETEAU

Maître de chai et responsable marketing de la maison Longueteau

QUELLE EST L'IMAGE DE LA GUADELOUPE AUJOURD'HUI ?

C'est une île paradisiaque au milieu des Caraïbes riche de plusieurs terroirs. Ses deux symboles sont le rhum et la gastronomie. Je conseille de venir visiter l'île en juin car c'est le moment où toutes les distilleries fonctionnent et c'est la période de la récolte de la canne à sucre et celle où les fruits de la passion s'épanouissent.

QU'EST-CE QUI CARACTÉRISE LE RHUM DE GUADELOUPE ?

Si on parle de terroir, la Basse-Terre est la principale région productrice de canne à sucre, ce qui implique que de nombreuses distilleries de rhum soient installées sur ses terres. Chaque distillerie utilise ses propres variétés comme Bologne ou Reimonenq, un atout pour donner un rhum très distinct à chaque maison. La notion de famille est également ici très importante. Nous travaillons avec des familles entières qui viennent des villes de proximité.

QUELLES SONT LES DIFFÉRENCES ENTRE LE RHUM MARTINIQUAIS ET LE RHUM DE GUADELOUPE ?

Les consommateurs avertis savent faire la distinction. Le rhum martiniquais reste très lié aux Antilles, et l'affiliation historique avec la femme de Napoléon, Joséphine Bonaparte, est très forte. L'AOC Martinique concerne uniquement le rhum martiniquais et cette appellation reste encore floue dans la tête des gens.

En Guadeloupe, si on parle de terroir, on parle forcément de rhum blanc. Nous sommes d'ailleurs les premiers à avoir lancé des rhums parcellaires en 2014, et sommes les seuls à travailler sur un terroir unique, celui de Capesterre, et plus particulièrement celui du domaine du marquisat de Sainte-Marie. Le rhum vieux est une catégorie qui se développe fortement. Le fût amène radicalement d'autres arômes au rhum, c'est pourquoi chez Longueteau, pour maintenir notre style et notre patrimoine aromatique, nous avons une gestion délicate du vieillissement et du bois pour conserver et sublimer les arômes de canne à sucre.

AVEZ-VOUS UNE ACTIVITÉ DE SPIRITOURISME DANS LE DOMAINE ?

Le site est ouvert au tourisme depuis 1996. Nous avons été les deuxièmes, après la distillerie Severin, à développer cette activité. Nous avons aujourd'hui une démarche spiritouristique plus adaptée, plus qualificative, qui peut être à la fois adaptée à des néophytes comme aux connaisseurs. Nous organisons depuis cet été nos visites selon les connaissances de rhum des gens, coordonnées par sept collaborateurs spécialisés. C'est une demande que nous avons constatée depuis quelques années.

VOUS ÊTES CONNU POUR ORGANISER UN BEL ÉVÉNEMENT LORS DE LA *TI-PUNCH DAY* EN MARS.

C'est un événement très festif autour de cette boisson emblématique des Antilles que nous organisons depuis six ans avec la famille, nos collaborateurs et le public de plus en plus nombreux. Dans cet esprit de partage, nous avons décidé d'ouvrir cet événement à tous. C'est une journée spéciale sur le domaine Longueteau à l'habitation familiale où nous organisons des jeux, des masterclass et activités dépassant le cadre du rhum. Nous avons accueilli plus de quatre cents personnes pour la dernière édition.

VOUS ÊTES TRÈS ACTIF ÉGALEMENT POUR L'ÉVÉNEMENT DE LA ROUTE DU RHUM.

Nous sommes investis depuis 2010 dans cet événement. C'est un moment très important pour toutes les distilleries guadeloupéennes pour la promotion de notre île, nos distilleries, nos rhums et savoir-faire. De plus, nous gagnons un mois de saison touristique en plus en local avec l'arrivée des premiers skippers à Pointe-à-Pitre début novembre. Grâce à la Route du Rhum, on parle de la Guadeloupe à travers la gastronomie, le rhum et le sport.

LA BARBADE

UNE BALADE DANS LE PAYS

Palmiers, sable fin, mer bleu turquoise, la musique vibrante de la chanteuse Rihanna, voici les premières images qui viennent à l'esprit quand on pense à cette île des Caraïbes.

Colonie britannique pendant trois siècles, la Barbade est une nation indépendante depuis le 30 novembre 1966, alors sous la régence de la reine Élisabeth II. Contrairement aux autres royaumes du rhum, vous ne verrez pas de montagnes, car le mont le plus élevé est à 340 mètres d'altitude, ni de sol volcanique, mais calcaire. Direction Bridgetown, la capitale, pour avoir un aperçu de l'histoire mouvementée de la Barbade. La ville a joué un rôle commercial central grâce à son port, elle était souvent la première escale pour les bateaux faisant la traversée de l'Atlantique depuis l'Afrique. Plusieurs de ces entrepôts portuaires ont été reconvertis en restaurants ou magasins, tandis que d'autres gardent toujours leur fonction première. La Garrison Savannah, hippodrome datant du XIXe siècle dont l'architecture a conservé un aspect colonial, abrite de nombreux événements. L'île est réputée pour ses magnifiques plages de sable blanc comme Crane Beach, Miami Beach et Sandy Lane, bordées d'eaux turquoise, et pour son climat tropical. Si vous souhaitez goûter à la cuisine locale, ne manquez pas le Oistins Fish Fry, marché animé où vous pouvez déguster du poisson frais grillé et des plats caribéens traditionnels. La Barbade est aussi connue pour ses festivals animés tels que le Crop Over Festival, qui célèbre la fin de la saison de la canne à sucre. C'est une période de fêtes, de défilés et de danse ou l'on se déhanche sur des airs de calypso ou de reggae.

LE MARCHÉ DU RHUM DE LA BARBADE

- **La Barbade est considérée par les experts de la catégorie comme le berceau du rhum.** C'est sur cette île des Caraïbes qu'ont été retrouvés les premiers écrits sur la production de l'eau-de-vie de canne.
- **La canne à sucre est arrivée sur les terres de la Barbade en 1637.**
- Au XVIIIe siècle, la Barbade se place comme un **important producteur de rhum après la Jamaïque**, avant que l'industrie sucrière s'effondre au XIXe siècle.
- **Les distilleries avaient seulement le droit de vendre en vrac aux négociants** au début du XXe siècle.
- L'île compte quatre distilleries en activité : Mount Gay (la plus ancienne), West Indies Rum Distillery, Foursquare et Saint Nicholas Abbey. Une cinquième distillerie va bientôt rejoindre ce célèbre quatuor. Son fondateur est Anthony Wills, le propriétaire de la distillerie écossaise Kilchoman basée sur l'île d'Islay et vénérée par les amateurs de whisky tourbé.
- La distillation est majoritairement réalisée à partir d'alambic pot still à repasse aux côtés des alambics à colonne.
- Le rhum se consomme dans des *rum shops*, des échoppes aux allures de cabanes, chargées de trois cents ans d'histoire. L'île en dénombre plus de 1 500. À l'origine, ces *rum shops* étaient localisés à proximité des églises pour que les hommes s'y réunissent pendant que leurs femmes partaient à la messe le dimanche. Aujourd'hui, le *rum shop* symbolise l'art de vivre à la Barbade : on déguste et partage entre amis une bouteille de rhum de la Barbade de 35 cl, complétée d'eau gazeuse ou de ginger beer, autour d'un jeu de dominos.

CAP SUR SES PRODUCTEURS

FOURSQUARE DISTILLERY : UNE DISTILLERIE FAMILIALE ET UNE INSTITUTION PARMI LES RHUMS DE LA BARBADE

Son propriétaire, Richard Seale, est l'une des grandes personnalités influentes du monde du rhum de la Barbade et dans le reste du monde.

Sa famille est déjà implantée dans l'univers du spiritueux exotique depuis les années 1920 en tant qu'assembleur et propriétaire de marques. En 1996, David Seale, son père, reprend l'ancienne sucrerie de Foursquare datant du XVIIe siècle pour monter la distillerie Foursquare et impose son style de rhum inspiré de la tradition de la Barbade, le « rhum bajan », assemblage de distillats réalisés en alambic à colonne et en pot still avant vieillissement.

Les rhums Foursquare sont des rhums de mélasse et essentiellement millésimés. Ces derniers ont souvent vieilli en double maturation. Le process de fabrication respecte un schéma précis. La fermentation est effectuée en deux étapes sur une durée de cinq jours en respectant des degrés de température précis. La distillation est réalisée à partir de deux types d'alambics, une triple colonne appelée coffey et un pot still particulier qui donne toute sa personnalité au rhum Foursquare. Enfin, le vieillissement en fûts de bourbon est élaboré à partir de l'assemblage des deux types de distillats. Depuis 1992, la distillerie Doorly's, créée en 1920 par Martin Doorly, est la propriété de la famille Seale. Les rhums sont produits dans la distillerie Foursquare dans les règles de l'art du style bajan.

LES DEUX CUVÉES PHARES

DOORLY'S XO, 43°, 70 CL

Un des rhums iconiques de cette marque historique de la Barbade, qui affiche fièrement un perroquet sur son étiquette. Doorly's XO est réalisé principalement à partir d'eaux-de-vie distillées en pot still et vieillies en fûts de bourbon pendant cinq à huit ans. Après assemblage, le rhum mature une seconde fois en fûts d'oloroso pendant deux ans.

Au nez : des arômes intenses et gourmands qui réveillent les sens. Un voyage sur des notes envoûtantes de toffee, de poivre, de cardamome et d'orange amère.

En bouche : un périple riche et doux comme du velours qui fait la part belle aux épices et au tabac séché.

FOURSQUARE EXCEPTIONEL CASK 2010, 60°, 70 CL

Cette édition limitée rend hommage au savoir-faire de la famille Seale. Ce millésime a été confectionné à partir d'une sélection de fûts provenant de l'assemblage de rhums distillés en pot still et en alambic à colonne. Distillé en 2010, ce millésime a vieilli pendant douze ans en ex-fûts de bourbon.

Au nez : pour des narines qui aiment des arômes de caractère et fruités autour de fruits secs, de notes terreuses d'ananas et de mangue bien mûre.

En bouche : les palais gourmands se régaleront autour de ses saveurs envoûtantes de raisins secs, de toffee, de notes salines qui évoluent vers l'orange et la mangue.

MOUNT GAY RUM :
LA PLUS ANCIENNE DISTILLERIE DE RHUM AU MONDE

Dans le sérail du groupe Rémy Cointreau depuis 2014, la plus vieille distillerie de l'histoire du rhum fait perdurer son savoir-faire de plus de trois cents ans sous la direction de Trudiann Branker, première femme maître assembleur de la Barbade depuis 2019.

Son histoire a marqué les esprits des amateurs de rhum : le premier jus serait sorti des cuves en 1703, selon les écrits, tandis que la distillerie est rebaptisée Mount Gay au début du XIXe siècle en l'honneur du baron John Gay Alleyne, un parfait entrepreneur qui améliora les techniques de distillation et la qualité du rhum. Installée sur la côte ouest de l'île, au nord de la capitale Bridgetown, Mount Gay Rum n'a pas pris une ride, tout comme ses rhums. L'équipe poursuit les méthodes de production de ses ancêtres, en faisant également de nombreuses innovations.

La fermentation est réalisée en plein air à partir de mélasse de la Barbade et des Caraïbes, de levure propre de la maison et d'eau pure de l'île avec des durées variant selon le type de distillation. Cette étape est réalisée avec quatre styles d'alambics : deux pot still à double retors pour des rhums légers, un alambic à colonne pour des jus herbacés et fruités et un alambic coffey John Dore pour des rhums végétaux et floraux. Chaque distillat est maturé séparément dans des fûts de bourbon et de cognac avant l'assemblage.

Chaque cuvée est composée d'un assemblage d'une dizaine de rhums dans un chai contenant pas moins de quarante-cinq mille fûts. La nouvelle *master blender* Trudiann Branker travaille aujourd'hui sur des rhums marqués par des affinages élégants avec des anciens fûts de spiritueux et de vin français.

LES DEUX CUVÉES PHARES

MOUNT GAY BLACK BARREL DOUBLE CASK BLEND, 43°, 70 CL

Le rhum idéal pour apprivoiser l'univers du rhum de la Barbade sans stress. Mount Gay Black Barrel est un assemblage de rhums distillés en alambic à repasse et de rhums distillés en colonne vieillis entre trois à sept ans dans d'ex-fûts de whisky américain, et finis pendant six mois dans d'ex-fûts de bourbon très toastés. Ce rhum remplace depuis 2020 le Mount Gay Black Barrel.

Au nez : on adore ses notes boisées et beurrées qui se terminent par un périple d'arômes de pain d'épices, de litchis et de caramel.

En bouche : des saveurs très fidèles au nez qui se terminent par une belle longueur. Avis aux amateurs de rhum sec.

MOUNT GAY XO

Le rhum de Barbade qui s'affiche dans tous les *rum shops* de la Barbade. Lancée en 2020, cette nouvelle version de Mount Gay XO est un assemblage de rhums distillés en alambic à repasse et de rhums distillés en colonne vieillis entre cinq à dix-sept ans dans trois types de fûts : whisky américain, bourbon et cognac. À siroter comme là-bas avec une eau de coco ou en old fashioned.

Au nez : un voyage équilibré et gourmand de notes de vanille, boisées, épicées et sucrées pour terminer par du chocolat noir.

En bouche : une ode à la gourmandise avec des saveurs douces, rondes et crémeuses

WEST INDIES RUM DISTILLERY (WIRD) - STADES :
UN NOUVEAU CHAPITRE AVEC MAISON FERRAND

La nouvelle a fait le buzz sur l'île de la Barbade et dans le monde du rhum en 2017 : l'entrepreneur et maître distillateur précurseur Alexandre Gabriel, de Maison Ferrand, devient le nouveau propriétaire d'une distillerie de la Barbade âgée de près de 130 ans. Son nom ? West Indies Rum Distillery.

Elle est localisée dans un endroit paradisiaque de l'île des Caraïbes, en bord de mer. Son fondateur, George Stade, était un savant chaudronnier-distillateur qui nourrissait une passion pour le rhum aussi bien en ce qui concerne la culture que les savoir-faire. Il est l'auteur de nombreux brevets dont un pour une petite colonne de distillation qui porte son nom. Devenue publique en 1918, la distillerie passe dans les mains de Goddard Entreprise en 1973 avant son rachat par Maison Ferrand. Une acquisition qui permet à son propriétaire Alexandre Gabriel de mettre un pied et une main dans le rhum jamaïcain. Celui-ci détient désormais aussi 33 % de la société National Rums of Jamaica, propriétaire de l'ancestrale distillerie jamaïcaine Long Pond dans le nord de l'île et de la distillerie Clarendon dans le sud, avec sa marque Monymusk. Après un recentrage sur l'activité historique qui a fait les belles heures de WIRD, Alexandre Gabriel et son équipe poursuivent la production du rhum Plantation, réputé pour son double vieillissement tropical et continental, et relancent Stade's, la marque de la distillerie. Le site s'est désormais équipé d'un nouvel entrepôt où reposent 12 000 barriques de plus pour une capacité de plus de 35 000 barriques. Une nouvelle aventure commence pour WIRD, qui distille plus de 80 % du rhum de la Barbade pour son compte et pour quelques négociants.

LES DEUX CUVÉES PHARES

PLANTATION RUM XO 20e ANNIVERSAIRE, 40°, 70 CL

Cette cuvée célèbre les 20 ans d'Alexandre Gabriel en tant que maître assembleur pour Plantation. Ce rhum de mélasse est un assemblage de rhums de la Barbade en 8 et 15 d'âge, vieillis en fûts de bourbon sous un climat tropical et dans les chais de Maison Ferrand à Cognac pendant deux à dix ans.

Au nez : des arômes floraux et fruités qui s'ouvrent sur des parfums de chocolat blanc et de vanille.

En bouche : une ode à la gourmandise sur des notes boisées, de cannelle, de chocolat et d'épices, comme un bon gâteau.

STADE'S RUM BOND N° 8, 43°, 70 CL

Encore un peu de patience, cette cuvée est pour l'instant disponible uniquement à la Barbade et aux États-Unis. On espère bientôt en France. C'est le premier produit officiel de la distillerie WIRD, qui a décidé de relancer la marque. Cette expression est un rhum brun de colonne et alambic avec un assemblage de rhums vieux de la Barbade de 1 à 8 ans.

Au nez : on est séduit par son intensité d'arômes de pruneaux, de raisins secs et de poires pour terminer par de belles notes de caramel et de poivre.

En bouche : on est tout de suite charmé par sa texture onctueuse et son bouquet de notes de gingembre, de tabac et de clou de girofle, qui se transforme en une tornade de notes de fruits exotiques et de cannelle.

TRINITÉ-ET-TOBAGO

UNE BALADE DANS LE PAYS

Les îles de Trinité-et-Tobago se trouvent à quelques kilomètres au large de la côte nord-est du Venezuela. Les peuples autochtones arawaks et caribs occupaient ces îles avant l'arrivée des Européens. Christophe Colomb fut l'un des premiers explorateurs européens à les découvrir au XVe siècle. Plus tard, les colons espagnols, néerlandais, français et britanniques se sont disputé le contrôle de la région. Finalement, Trinité-et-Tobago devint une colonie britannique jusqu'à son indépendance en 1962. Les paysages magnifiques, les plages de sable blanc et les eaux cristallines font de Trinité-et-Tobago une destination touristique attrayante mais pas surpeuplée.

Tobago est particulièrement connue pour ses sites de plongée sous-marine, ses récifs coralliens préservés et ses forêts tropicales luxuriantes. Trinité offre également des attractions culturelles comme son carnaval presque aussi réputé que celui de Rio et des sites historiques, notamment le temple hindou Sri Dattatreya et la cathédrale Sainte-Marie de Port-d'Espagne. Sur ce petit territoire, le métissage culturel de la population aux origines africaine, espagnole, indienne, chinoise et britannique influence les arts, et en particulier la musique avec des styles tels que le calypso, la soca et le steel band, dont l'impact sur la musique mondiale a été considérable.

LE MARCHÉ DU RHUM DE TRINITÉ-ET-TOBAGO

- **L'histoire des habitants de cette petite île des Caraïbes est loin d'être un long fleuve tranquille puisqu'elle a été colonisée par l'Espagne**, la France puis la Grande-Bretagne, qui introduit au XVIIIe siècle la culture de la canne à sucre et la production du rhum.
- **L'île s'est classée à la troisième place des plus gros producteurs de rhum** au XIXe siècle.
- **Les amateurs de rhum connaissent bien cette origine puisque la mythique distillerie Caroni a été créée en 1918 au nord-ouest de l'île.** Son *heavy rum* était extrêmement populaire jusque dans les années 1990. En 2002, l'État lui demande de fermer ses portes après une activité prospère de 84 ans.
- **La distillerie Angostura est aujourd'hui la seule distillerie en activité sur l'île.**

CAP SUR SES PRODUCTEURS

ANGOSTURA : UNE HISTOIRE QUI DÉMARRE PAR UN BITTER ET NON PAR DU RHUM

Nous sommes en 1824. Le médecin allemand Dr Siegert, médecin en chef auprès de l'armée de Simon Bolivar, invente au Venezuela la recette d'un aromatic bitter dédié à soigner les maux intestinaux.

Au lieu de connaître la célébrité dans le monde médical, le bitter deviendra une star sur la scène cocktail. Ses deux fils héritent de sa recette secrète à sa mort en 1870 et partent s'installer à Trinidad. En 1949, son neveu fonde la distillerie Trinidad Distillers pour produire le bitter mais aussi du rhum. Depuis 1974, le site de production a été transféré à Laventille, à Port-d'Espagne. Il s'est modernisé avec un système de multiples colonnes high-tech. La marque de fabrique de cette distillerie, qui est aujourd'hui le deuxième producteur de rhum en volume des Caraïbes : la création de sa propre souche de levure en 1949, signée par Robert Siegert, avec un processus de fermentation unique de sa mélasse, qui dure entre quarante-huit et soixante-douze heures, et un distillat léger sortant à 95° des alambics, réduit et vieilli en ex-fûts de bourbon. Le tout orchestré par le renommé maître distillateur John Georges.

LES DEUX CUVÉES PHARES

RHUM VIEUX ANGOSTURA 1787, 40°, 70 CL

1787 est un produit phare dans l'histoire de ce rhum puisqu'il célèbre l'année de création du premier moulin à canne à sucre de Trinidad. Cette cuvée a vieilli pendant un minimum de quinze ans en fûts de chêne brûlés.

Au nez : les narines sont envahies de parfums portés sur les fruits exotiques.

En bouche : des notes vives de banane, de pomme, de pruneau et de fruits secs envahissent merveilleusement le palais.

RHUM VIEUX ANGOSTURA 7 ANS, 40°, 70 CL

La cuvée parfaite pour découvrir les rhums de cette belle maison. Le rhum vieux a été élevé pendant sept ans en ex-fûts de bourbon de premier remplissage.

Au nez : on respire les doux parfums d'un dessert au caramel au beurre salé et à la banane flambée.

En bouche : elle est fidèle aux arômes, c'est un havre de gourmandise qui embaume les fruits exotiques.

· L'INTERVIEW ·

ORIGINAL PRODUCT

ALEXANDRE GABRIEL

Propriétaire de la West Indies Rum Distillery

COMMENT AVEZ-VOUS CONNU LA DISTILLERIE WIRD ?

En tant que négociant/éleveur de rhum avec Plantation, j'achetais des fûts depuis plusieurs années à cette distillerie qui était à l'époque la propriété de la famille Goddard. Elle m'a toujours fait rêver. Je me rappellerai toujours ma première visite, quand j'ai découvert dans un coin un alambic à chambre qui est à la distillation ce que les dinosaures sont à la faune.

APRÈS LE COGNAC MAISON FERRAND, LA CRÉATION DU GIN CITADELLE ET DE LA MARQUE DE RHUM PLANTATION, POURQUOI AVOIR INVESTI DANS UNE DISTILLERIE EN DEHORS DE LA FRANCE, À LA BARBADE ?

La production des spiritueux historiques m'a toujours passionné. Nous élevons les rhums Plantation depuis 1999 et mon rêve a toujours été d'être aussi impliqué dans la distillation. Au cours de ces années, j'ai appris à connaître intimement la grande majorité des distilleries de rhum. J'ai commencé à discuter avec les propriétaires de deux ou trois distilleries qui me faisaient rêver. J'envisageais cela plus comme un mariage que comme une acquisition.

Le mariage de deux destins, de deux équipes, pour la vie. Pour les professionnels, WIRD est une distillerie mythique avec des savoirs secrets et ancestraux. Dans son histoire, WIRD a distillé pour les plus grands noms du rhum, ou les a conseillés. Pour moi, elle cochait la plupart des cases pour un beau partenariat. C'est une distillerie importante et, à l'époque, elle perdait beaucoup d'argent. J'ai approché la famille Goddard et son président grâce à un de mes mentors barbadiens qui me guide depuis de nombreuses années.

Goddard est un groupe régional important dans les Caraïbes, qui avait perdu depuis des années l'intérêt de la distillation, mais qui savait l'importance historique de WIRD et qui voulait la préserver. Ils connaissaient Plantation dont ils appréciaient l'approche qualitative et authentique. Nous avons cependant discuté sur une période d'un an avant de signer.

C'est aussi la réalisation d'un rêve, partager le destin d'une des distilleries les plus iconiques des Caraïbes dans le pays qui a inventé le rhum.

QUELS SONT LES DIFFÉRENTS POINTS QUI VOUS ONT INTÉRESSÉ DANS CETTE DISTILLERIE ?

Avant tout, une équipe passionnée de sachants.

Digger Henderson Skinner, par exemple, est distillateur à WIRD depuis quarante-trois ans. Son père a lui aussi distillé pendant quarante-sept ans à la distillerie. Digger porte quatre-vingt-dix années de savoir sur la distillation du rhum. WIRD, c'est un héritage de cent trente ans de savoir-faire et un équipement de production chargé d'histoire. Cette distillerie mythique a en son sein une pièce forte appelée le Distiller's Vault, qui renferme les secrets de distillation et de fermentation amassés depuis 1893.

C'est un précieux patrimoine. Nous avons aussi restauré des vestiges en tout genre de la distillation, dont le plus ancien alambic de rhum au monde, le Rockley, date de 1780.

Nous l'avons restauré, il fera bientôt à nouveau du rhum. Il y a aussi le Old Gregg qui distille toujours depuis 1850. Le rhum du Old Gregg entre dans la plupart des rhums barbadiens Plantation. Une colonne de cuivre Blair construite dans les années 1940 pour faire face au surcroît de commandes de la Marine britannique. Un alambic à chambre du XIXe siècle de marque Vulcan. C'est le seul alambic à chambre du XIXe siècle dans le monde. Il produit un rhum typique avec des notes de gingembre et de chocolat noir. Il a été conçu par des petits génies américains de la technique pour produire du whisky rye et acheté par la distillerie au lendemain de la prohibition américaine pour faire du Navy Rum. Nous l'avons réparé en 2018.

Ce fut un grand moment d'émotion quand les premières gouttes de rhum ont commencé à perler à la sortie de ce petit monstre de l'histoire du rhum.

Aujourd'hui, WIRD produit 87 % de rhum de la Barbade et a de nombreux projets…

QUELS SONT LES CHANGEMENTS APPORTÉS DEPUIS LE RACHAT DE WIRD EN 2017 ?

Depuis notre association avec l'équipe de WIRD, nous avons réalisé un rêve commun. Celui de se reconnecter au passé merveilleux de la distillerie. Nous continuons de réparer les alambics historiques. Nous voulions commencer par la restauration des alambics les plus prestigieux et c'est bientôt chose faite.

Nous avons aussi remplacé la colonne industrielle 79 par une colonne sous vide dessinée pour nous par Miguel Reyes, un chaudronnier très calé pour cela.

Nous avons aussi planché sur les anciens process de production de la distillerie, comme la fermentation sous bois ou la généralisation de l'élevage de nos levures indigènes. Autre nouveauté, nous avons relancé l'ancienne marque de la distillerie, Stade's, à travers deux rhums de mélasse, un rhum blanc, le Stade's Rum Beach Vat n° 1, qui repose au moins trois mois dans un foudre de chêne sur la plage de la distillerie pour une oxygénation maximum, et un rhum brun de colonne et alambic, assemblage de rhums de 1 à 8 ans.

C'est le Stade's Bond n° 8, qui vieillit dans notre chai n° 8 à quelques mètres de la mer. Pour l'instant, ils sont commercialisés à la Barbade et aux États-Unis.

Nous allons aussi faire des éditions limitées avec les petites merveilles que nous avons dans les chais. Et bien sûr nous produisons les rhums Plantation de la Barbade. C'est devenu une des activités principales de la distillerie. Nous continuons à distiller du rhum pour des négociants historiques. Parallèlement, nous effectuons beaucoup de recherches sur les cannes à sucre en collaboration avec la West Indies Central Sugar Cane Breeding Station. Établie en 1888, cette pépinière a fortement contribué à sauver sa culture.

Nous travaillons sur des variétés spécialement destinées à la distillation du rhum par les éléments aromatiques qu'elles peuvent permettre.

Cette pépinière est au cœur d'un domaine qui s'étend sur 77 acres de canne à sucre que nous utilisons aussi pour nos rhums depuis deux ans. Nous avons acheté un moulin pour presser cette canne et faire nos jus. L'idée, bien sûr, n'est pas de remplacer les rhums ancestraux de mélasse qui ont fait la gloire de la Barbade depuis 1650, mais plutôt de continuer à marcher dans les pas du fondateur de la distillerie.

Nous voulons continuer à créer des rhums uniques qui étonnent, soit par le travail sur des techniques oubliées, soit par la recherche.

- Destination -

Les Grandes Antilles

CUBA

UNE BALADE DANS LE PAYS

Quand on évoque Cuba, on a tous en tête son histoire tumultueuse à l'époque de la mainmise des États-Unis et de la prohibition, quand l'île accueillait dans ses bars, ses clubs et ses casinos les Américains en mal de fêtes alcoolisées. Le rhum coulait alors à flots tout comme les dollars dans les poches des mafieux et des gouvernants. La révolution castriste, en mettant un terme à cette période de libations, a en même temps figé l'architecture de La Havane dans ce décor néocolonial des années 1930 à 1950 jusqu'à maintenir en vie les belles américaines décapotables qui sillonnent toujours ses avenues. Ce que l'on vient chercher à La Havane, c'est avant tout une atmosphère à la fois indolente et chargée d'énergie. On la ressent au fil des lieux visités : de l'estrade d'où Castro faisait ses interminables discours jusqu'à l'antique fabrique de cigares Partagas, en passant par le bar Floridita au fond duquel Hemingway venait écrire ses romans. Mais c'est surtout dans les scènes de rue des *barrios*, avec ses orchestres amateurs et ses lieux de danse improvisés, que la capitale puise cette ambiance chaleureuse et enivrante. Cuba recèle le long de ses côtes des kilomètres de plages protégées de récifs coralliens, les plus belles sont Bacuranao, Boca Ciega, ou Tarará. Appréciées par les locaux, elles ont conservé un côté naturel et authentique. Le rhum est un élément fondamental de la culture du pays.

LE MARCHÉ DU RHUM DE CUBA

- **Le rhum cubain est contrôlé par l'État.** Deux entreprises publiques se partagent le marché : la Cuban Ron et Tecnoazucar.
- Depuis 2013, **le rhum cubain est régi par une dénomination géographique protégée (DOP)** qui impose le respect d'un certain nombre de règles.
- **Le rhum cubain est un assemblage d'aguardiente** (eau-de-vie de canne cubaine distillée à 75°) **et de rhum léger**, un alcool de canne sortant de l'alambic à 94-95°. Cette boisson nationale doit être produite à partir de mélasse locale fermentée pendant vingt-quatre heures. La distillation se réalise en colonne simple ou multiple. Le vieillissement s'effectue en deux temps : l'aguardiente est vieillie pendant deux ans avant d'être mélangée à de l'alcool de canne et de l'eau, puis une seconde maturation est réalisée dans de vieux fûts.
- **Côté canne à sucre, Cuba produit de quoi subvenir à ses besoins** (450 000 tonnes par an) alors que dans les années 1970, le chiffre s'élevait à 10 millions de tonnes. Cette conjoncture est liée à l'embargo américain et à des récoltes désastreuses dues aux ouragans.
- **Le *maestro del ron cubano* est la figure centrale de la production du rhum cubain.** Il contrôle toutes les étapes : la distillation, le vieillissement et l'assemblage. Devenir *maestro ronero* nécessite une formation sur le terrain d'environ quinze ans pour devenir un parfait artisan du rhum. Il transmet son savoir-faire à la génération suivante. Celui-ci vient d'être inscrit au patrimoine immatériel de l'Unesco.

CAP SUR SES PRODUCTEURS

HAVANA CLUB :
LE MAÎTRE DU RHUM CUBAIN

Qui ne connait pas le rhum cubain Havana Club et ses incontournables mojitos ? Havana Club représente la troisième marque à vocation internationale derrière Bacardi et Captain Morgan distribué dans 120 pays.

Fondé en 1934 au sein du groupe sucrier Arachebala, la Fabrica de Licores, la célèbre marque cubaine va connaitre un véritable essor à partir de 1993 lorsque le groupe Pernod Ricard crée une joint-venture avec le gouvernement cubain. En 2007, la marque débute un nouveau chapitre de son histoire. Havana Club International devient le propriétaire exclusif d'une distillerie à San José de las Lajas, à une quarantaine de kilomètres de La Havane, construite pour soutenir le développement de la marque, notamment sur le rhum vieux. A la pointe de la technologie, ce site de production innovant continue de travailler selon les méthodes de distillation traditionnelles. Havana Club distille en continue avec deux colonnes pour produire l'aguardiente, véritable âme du rhum Havana Club. Le vieillissement, sous climat tropical, est géré par l'équipe de quatre maestro roneros et un aspirant, dans d'anciens fûts de whisky de différents âges. Les jeunes fûts sont choisis pour leurs propriétés techniques, tandis que les plus vieux sont sélectionnés pour laisser le rhum respirer. Rhum blanc ou vieux, tous reposent un minimum de temps.

Certains maestros roneros de Havana Club font figure de stars sur la scène du rhum cubain. Don Navarro, l'un des Maestros les plus connus à Cuba a créé le rhum cubain que nous connaissons aujourd'hui, en ouvrant la porte au vieillissement supérieur dans la production du rhum brun. Aujourd'hui, Juan Carlos Gonzales, personnalité très respectée du rhum cubain qui travaille pour Havana Club depuis les années 1970 a été nommé Primer Maestro del Ron Cubano en 2014, devenant ainsi le principal Maestro du pays. Asbel Morales fait également partie intégrante de l'histoire de Havana Club. Depuis 2007, le maestro ronero travaille sans cesse pour produire les rhums les plus raffinés de la marque.

LES DEUX PRODUITS PHARES

HAVANA CLUB ANEJO 3 ANS À 40 %, 70 CL :

Cette bombe pour cocktails est le fruit d'un assemblage de bases de rhum vieillies pendant au moins trois ans dans des fûtsde chêne blanc. L'objectif : obtenir un excellent équilibre entre légèreté et goût.
Le parfait rhum pour mojito et daïquiri.

Au nez : ses arômes légèrement fumés et vanillés donnent un avant-goût d'un rhum léger et équilibré.

En bouche : on est séduit par ses saveurs soyeuses allant sur les fruits secs, la vanille et le bois.

HAVANA CLUB ANEJO 7 ANS À 40 %, 70 CL :

C'est un monument historique dans le monde du rhum cubain. Fondé par le maestro ronero Don Navarro, Havana Club Anejo est le premier rhum cubain à montrer que ce spiritueux pouvait se déguster en solo et pas seulement en cocktail. Celui-ci est composé de différentes bases de rhum vieillies dont le plus jeune a 7 ans.

Au nez : ce rhum cubain se distingue pour ses notes de cacao, de vanille, de bois, de tabac et de fruits tropicaux.

En bouche : un beau jus vieilli qui séduit pour son bouquet de notes de cacao, de fruits tropicaux, de canne, de noisette et de saveurs subtilement boisé.

EMINENTE : LA RENAISSANCE DU RHUM CUBAIN

Derrière cette bouteille à la peau de crocodile (référence à la forme de l'île aux allures de reptile exotique) se cachent le groupe Moët Hennessy et les deux fondateurs de la marque, Camille de Dominicis et Briac Dessertenne. Leur ambition : créer un rhum premium inspiré du rhum cubain du XIXe siècle.

En collaboration avec la firme d'État cubaine Cuba Ron, les deux fondateurs ont mis dans la boucle l'un des plus jeunes *maestros roneros* cubains, César Marti, pour concevoir un rhum qui est le fruit d'un assemblage innovant d'aguardiente et de rhum léger. L'aguardiente est une eau-de-vie de cannes cubaines ultra-aromatiques produite à partir de mélasse distillée à 75° puis vieillie dans des fûts de chêne blanc ayant contenu du whisky. Fabriquée au Mexique, la bouteille est ornée d'une étiquette en coton recyclé et d'un bouchon en bois de forêt garanti « FSC » (Forest Stewardship Council). Le rhum Eminente fait partie des rares marques cubaines à détenir la *denominación de origen protegida* (DOP).

LE PRODUIT PHARE

EMINENTE RESERVA 7 ANS, 41,3°, 70 CL

C'est la pépite de la marque ! Créé par le *maestro ronero* César Marti, Eminente Reserva est un rhum composé de 70 % d'aguardiente, un taux très élevé d'eau-de-vie pour du rhum cubain, et de 30 % de rhum léger cubain. Ce rhum a été vieilli pendant sept ans en fûts de chêne blanc ayant contenu du whisky. Un bijou à cocktail !

Au nez : on est tout de suite captivé par ses notes douces de café, qui laissent place à des arômes de confiture de lait, d'amandes grillées et de cacao.

En bouche : on attaque sur des notes subtilement fumées mêlées à des saveurs vanillées et de café, on poursuit avec des notes d'épices et de poivre pour terminer par un bouquet de fraîcheur, de saveurs chocolatées et d'amandes doucement fumées.

L'INTERVIEW

ORIGINAL PRODUCT

CÉSAR MARTI

***Maestro ronero* du rhum Eminente**

COMBIEN DE *MAESTROS RONEROS* Y A-T-IL AUJOURD'HUI À CUBA ET COMMENT DEVIENT-ON MAESTRO ?

Aujourd'hui, il y a dix *maestros roneros* à Cuba. Pour être *maestro ronero*, vous devez être ingénieur chimiste ou avoir une spécialité similaire. Vous devez être en mesure d'identifier et de sélectionner les matières premières impliquées dans l'ensemble du processus de production, de concevoir des équipements et de proposer des améliorations technologiques à chaque étape du processus. En 2021, suite à la décision unanime du mouvement Cuban Rum Masters, j'ai eu la chance de recevoir le titre de *first Cuban rum master* (« premier maître du rhum cubain »). C'est la plus haute distinction pour un *maestro ronero* et j'en suis très fier.

COMMENT ÉVOLUE LE MARCHÉ CUBAIN DU RHUM AUJOURD'HUI ?

La catégorie du rhum est en croissance, tirée principalement par les rhums super premium. On constate une tendance plus forte pour les rhums bruns.

QUELLES SONT LES CONTRAINTES DE L'APPELLATION POUR LE RHUM CUBAIN ?

Selon l'appellation, tout ce qui concerne le rhum cubain doit être fabriqué à Cuba. Cela signifie que toutes les matières premières utilisées (canne à sucre, mélasse) doivent provenir de Cuba. La production doit également être réalisée à Cuba, tout comme l'embouteillage et le conditionnement. Il doit y avoir une quantité minimale d'eau-de-vie dans le rhum. L'appellation est une garantie que le cahier des charges a été respecté.

COMMENT AVEZ-VOUS COMMENCÉ L'AVENTURE AVEC EMINENTE ?

C'est une histoire très simple qui a commencé il y a quatre ans. J'ai rencontré un jour Camille de Dominicis et Briac Dessertenne, les deux cofondateurs d'Eminente, qui m'ont fait part de leur envie de créer un rhum cubain. Nous avons beaucoup parlé et ils m'ont dit que j'avais toute liberté pour travailler sur un nouveau rhum. J'étais si fier et j'ai enfin pu exprimer mon désir de toujours donner une nouvelle aube au rhum cubain en revisitant les eaux-de-vie cubaines du XIXe siècle.

LE FAIT QUE LE SAVOIR-FAIRE DES ENSEIGNANTS CUBAINS SOIT INSCRIT AU PATRIMOINE DE L'UNESCO CHANGERA-T-IL QUELQUE CHOSE ?

La reconnaissance de ce savoir-faire est une très bonne nouvelle pour les rhums cubains et pour les rhums hispaniques en général. Cuba étant le berceau du rhum hispanique, avec plus de cent cinquante ans de savoir-faire sur l'île transmis de génération en génération, c'est une grande fierté pour nous. Nous nous réjouissons de cette reconnaissance internationale qui inscrit les rhums cubains dans un patrimoine culturel beaucoup plus vaste sur l'île de Cuba.

QU'EST-CE QUI VOUS DIFFÉRENCIE DES AUTRES RHUMS CUBAINS ? COMBIEN DE MARQUES ET DE DISTILLERIES SONT SUR LE MARCHÉ AUJOURD'HUI ?

Eminente établit de nouvelles normes avec Reserva, fait avec 70 % de spiritueux vieillis, les proportions les plus élevées parmi tous les rhums cubains. Des régions distinctes de Cuba abritent des paysages et des qualités de sol variés, ce qui donne des rhums singuliers qui diffèrent en couleur, en goût et en utilisation. Le rhum occidental ou de style occidental est fabriqué près de La Havane : il est réputé pour être intense, sec, percutant – et parfait pour les cocktails. De l'autre côté de l'île, le rhum oriente ou easternstyle est doux, fruité et idéal pour siroter. Eminente, de la province centrale de Villa Clara, combine le meilleur des deux régions, dans un équilibre parfait : rafraîchissant et robuste, doux mais complexe, idéal à la fois pour mélanger et siroter. Étonnamment inconnu en dehors de l'île, ce style de rhum est l'un des secrets les mieux gardés de Cuba.

Il existe quatre marques de rhum cubain vendues à l'international et quelques-unes réservées à Cuba uniquement.

POUR VOUS, QUEL EST L'AVENIR DU RHUM CUBAIN ?

Il y a une grande diversité dans les rhums cubains, certains sont bons pour la mixologie, d'autres pour la dégustation, avec des styles différents. L'avenir s'annonce radieux car nous sommes de plus en plus capables et désireux de tenter de nouvelles expériences, il y a un vrai goût pour l'innovation à Cuba.

LA JAMAÏQUE

UNE BALADE DANS LE PAYS

Saviez-vous que Christophe Colomb posa le pied sur cette grande île des Caraïbes le 4 mai 1494 et déclara qu'elle était « l'île la plus belle que ses yeux aient vue » ? L'explorateur avait bon goût ! Colonie espagnole jusqu'en 1655 puis sous domination britannique jusqu'en 1962, ce haut lieu du reggae est aussi le paradis du rhum. Avant de découvrir les coulisses de ses célèbres distilleries et de savourer son rhum dit « lourd », partez à la conquête de ses terres verdoyantes et sauvages, de ses plages paradisiaques et du mouvement rastafari. Les amoureux de la randonnée démarreront leur périple, à l'est de la Jamaïque, par une excursion dans les montagnes des Blue Mountains, reconnues comme les sommets les plus élevés des Antilles (jusqu'à 2 250 mètres d'altitude).

Pause culturelle à Kingston, la capitale haute en couleur, noir, jaune et vert, qui réunit deux lieux pour humer l'histoire de la Jamaïque : le musée de l'icône Bob Marley et Devon House, la maison coloniale datant de la fin du XIXe siècle du premier millionnaire noir de la Jamrock, George Stiebel. Cap ensuite au nord-est pour se prélasser sur les plages de sable fin de la ville de Montego Bay, face à une mer bleu turquoise. C'est dans cet ancien port sucrier que l'aventure du rhum peut démarrer avec la visite des Great Houses, anciennes demeures de maître de style géorgien logées dans les grandes plantations de canne à sucre développées par les colonies britanniques au XVIIIe siècle, la plus réputée étant Rose Hall.

LE MARCHÉ DU RHUM DE LA JAMAÏQUE

- **La Jamaïque fut le second exportateur de sucre après l'île française de Saint-Domingue** au XVIIIe siècle et l'un des plus importants producteurs de rhum du XVIIe jusqu'au début du XIXe siècle sous l'impulsion des Britanniques.
- **Le profil aromatique des rhums jamaïcains est très distinct selon les producteurs et la localisation.** On parle soit de rhums lourds, soit de rhums équilibrés, soit de rhums légers.
- Le rhum jamaïcain est **réalisé à partir de mélasse** et majoritairement distillé dans des alambics pot still à repasse.
- **Les rhums jamaïcains sont les rhums les plus concentrés en esters**, une molécule d'alcool acide qui apparaît pendant la fermentation et développe différents arômes (floral, fruité et solvant) pendant la distillation.
- **L'étape de fermentation différencie le rhum jamaïcain de ses confrères :** la levure n'est pas le seul ingrédient pour activer les sucres en alcool. On ajoute dans la mélasse le dunder (vinasse récupérée dans les alambics après distillation) qui booste la fermentation et donne des arômes explosifs.
- Le rhum de Jamaïque est **classifié** selon des *marks*, des rhums de base avant **vieillissement** qui définissent la concentration d'esters.
- **Les Jamaïcains ont la réputation de ne pas être effrayés par le haut degré alcoolique de leur rhum** et apprécient des liquides avec du corps. Leur rhum de prédilection : du rhum blanc overproof à plus de 60° dégusté pur ou cocktail.

CAP SUR SES PRODUCTEURS

APPLETON ESTATE :
LA PREMIÈRE DISTILLERIE DE LA JAMAÏQUE

Campée dans la vallée de Nassau, cette distillerie est la parfaite porte d'entrée pour s'initier à l'univers des rhums jamaïcains. Imaginez-vous au cœur d'un décor exceptionnel à 120 mètres d'altitude sur 4 600 hectares, alternant entre montagnes verdoyantes, massifs calcaires, grottes et sources souterraines.

Né en 1655 dès l'arrivée des Anglais sur cette île tropicale, le domaine d'Appleton (Appleton Estate, en anglais) s'est installé dans ce coin paradisiaque où il a vu ses premiers rhums couler de ses alambics en 1749. Depuis plus de deux cent cinquante ans, la maison cultive ses champs de cannes à sucre et produit sa propre mélasse mélangée à de l'eau de source naturelle au goût atypique. Celle-ci fermente entre trente-six et quarante-huit heures, boostée par une levure maison, avant de passer à l'étape de la distillation.

Le rhum Appleton est élaboré à partir de distillats provenant de deux types d'alambics : l'alambic à repasse (pot still) pour apporter de belles notes d'écorces d'orange et l'alambic à colonne pour des rhums plus légers avec des saveurs dans l'air du temps. L'une des touches essentielles de la fabrication : le vieillissement en ex-fûts de bourbon qui confère aux cuvées d'Appleton ce profil si gourmand et accessible. Attention, les assemblages de différents rhums sont confectionnés par une star du rhum, Joy Spence, première femme *master blender* dans le secteur des spiritueux, en poste depuis 1997. Avis aux amateurs de cocktails, la distillerie produit également la marque de rhum Wray & Nephew, dont l'iconique rhum blanc titré à 63°, une véritable institution en Jamaïque.

LES DEUX CUVÉES PHARES

APPLETON ESTATE 8 ANS RESERVE, 43°, 70 CL

Cette cuvée célèbre les 250 ans de la distillerie. C'est un assemblage de rhums distillés en pot still et en alambic à colonne, vieilli pendant huit ans sous les rayons de soleil des tropiques. Son profil aromatique en fait un petit bijou pour des cocktails estivaux comme un mai tai et un jamaican mule.

Au nez : un périple exotique autour de parfums de sucre brun, de zeste d'orange, de vanille et de muscade.

En bouche : un voyage gourmand et onctueux autour de saveurs de miel, de zeste d'orange et de caramel.

APPLETON ESTATE 12 ANS RARE CASK, 43°, 70 CL

Récompensé par la double médaille d'or de la San Francisco World Spirit Competition en 2014, ce rhum hors d'âge distillé en pot still et en alambic à colonne a vieilli pendant douze ans dans des fûts de chêne américain de première classe sous l'œil de la *master blender* Joy Spence. Un rhum incontournable pour son bar.

Au nez : des arômes ensoleillés exhalant la vanille, l'orange et la noix.

En bouche : un bouquet aromatique subtilement gourmand et amer marié à des notes boisées, de chocolat, de café, d'orange et de bois.

HAMPDEN :
LE MAÎTRE DES RHUMS LOURDS

C'est la distillerie qui donne le sourire aux lèvres des geeks du rhum quand on prononce son nom. Vous l'avez compris, Hampden est la distillerie emblématique de la Jamaïque, qui fait perdurer la tradition du rhum jamaïcain funky avec ses *high ester rums*.

Cette institution du rhum lourd aux allures de maison hantée a vu le jour en 1756 à Trelawny, une région au nord-ouest de la Jamaïque. C'est à côté de la Great House, la maison familiale, que sont installés la distillerie et le cimetière de ses anciens et nombreux propriétaires (famille Stirling, puis Kelly-Lawson). Deux choses sont à retenir si vous voulez passer pour un expert du rhum. Premièrement, sa longue et mythique fermentation, qui est un spectacle à elle seule. Dans une douzaine de cuves en bois repose une soupe noire composée de différents ingrédients spécifiques pour produire du rhum jamaïcain : du jus de canne à sucre stocké au moins trois mois, de la mélasse, de l'eau et le dunder (liquide acide resté dans les alambics une fois la distillation terminée) de muck pit, un genre de compost composé de vinasse et de fruits décomposés, stocké en sous-sol dans des fosses grouillant de levures sauvages. Pendant la fermentation, le dunder met la pression aux levures pour activer la production d'esters. Deuxièmement, sa distillation dans six alambics à retors venus d'Écosse, du Kentucky et d'Afrique, qui vrombissent toute la journée et d'où sortent du *light pot* ou du *heavy pot rum*. Le profil aromatique du rhum de Hampden se mesure en concentration d'esters qui peut s'élever jusqu'à 1 400 grammes/HLAP sachant qu'en Jamaïque on ne peut dépasser 1 600. Commercialisé à l'origine en vrac en Europe, le rhum Hampden a lancé sa propre marque Rum Fire, en 2011, après son rachat aux enchères par la famille Hussey en 2009. Depuis juillet 2018, la joint-venture La Maison du Whisky & Velier a fait l'acquisition de vieux stocks et lancé sur le marché ses premiers rhums âgés sous le nom de Hampden.

LES DEUX CUVÉES PHARES

RUM FIRE HAMPDEN, 63°, 70 CL

Voici un des rhums non vieillis de Hampden à découvrir pour les amateurs de cocktails. Son étiquette très explicite (un dessin de boule de feu) révèle toute la puissance du profil aromatique de ce rhum.

Au nez : un parfum destiné à des narines expertes, empreint de saveurs de fruits exotiques mûrs, de canne à sucre brûlée, de fleurs expressives et d'un brin de camphre. Le profil d'un rhum *high ester*.

En bouche : un concentré de saveurs explosives de fruits exotiques, de plantes, de canne à sucre, d'agrumes et d'épices.

HAMPDEN HLCF CLASSIC OVERPROOF, 60°, 70 CL

Ce rhum iconique de mélasse est réalisé à partir de *mark* (sorte de rhum de base qui définit l'intensité aromatique du rhum) HLCF (Hampden Light Continental Flavoured). Il se caractérise par une belle puissance et un haut degré d'alcool. À siroter dans une atmosphère 100 % exotique.

Au nez : des arômes qui ne laissent pas indifférent. Au rendez-vous, des parfums d'acétone, de banane flambée, de pruneau et de citron.

En bouche : un aller-retour direct pour la Jamaïque, marqué par des saveurs d'orange amère, de cerise confite, des notes fumées et herbacées.

LONG POND : UNE LÉGENDE DU RHUM JAMAÏCAIN EN PLEINE RENAISSANCE

Malgré un nom à consonance asiatique, Long Pond est bien une distillerie jamaïcaine localisée dans la région de Trelawny, au nord-ouest du pays, depuis le milieu du XVIIIe siècle.

À l'origine, son rhum était expédié à Londres pour devenir un Navy Rum. En 1977, la distillerie est nationalisée comme les distilleries Clarendon et Innswood et gérée par la société National Rums of Jamaica. Face à une grave crise financière, l'État est obligé d'ouvrir le capital de la National Rums of Jamaica à des entreprises privées. Aujourd'hui, la distillerie est dans le giron de trois propriétaires : Maison Ferrand, Demerara Distillers et National Rums of Jamaica. Fermée pour de longs travaux entre 2012 et 2017, elle est frappée en 2018 par un terrible incendie qui détruit sa salle de fermentation avec la disparition de soixante-douze cuves. C'est seulement depuis 2022 que Long Pond revient sur le devant de la scène avec une salle de fermentation et un équipement flambant neufs. Le rhum de Long Pond est élaboré dans les règles de l'art. La longue fermentation se déroule pendant deux à quatre semaines à l'air libre, boostée par le dunder pour acidifier le liquide et activer la production d'esters. Le muck pit est ajouté en fin de fermentation pour concentrer les arômes. Cinq alambics à retors, trois John Dore et deux Blair turbinent pour élaborer un rhum au profil unique riche en esters.

LA CUVÉE PHARE

LONG POND VRW 2003 – 18 ANS BRUT DE FÛT, 60°, 70 CL

Une cuvée à avoir absolument dans sa bibliothèque de rhums. Le rhum de cette institution jamaïcaine est le deuxième embouteillage officiel de la distillerie, marqué d'un sceau d'approbation Long Pond. Ce rhum vieux de mélasse a été distillé dans l'alambic John Dore en 2003. Il a vieilli en fûts de chêne américain brûlés et a été embouteillé sans réduction.

Au nez : on hume tranquillement ses arômes harmonieusement boisés, fruités, épicés, avec une touche de vanille.

En bouche : un rhum élégant, doux et équilibré qui emmène sur les routes de la région verdoyante de Trelawny.

CLARENDON – MONYMUSK UNE DISTILLERIE UNIQUE

Les amateurs de rhum jamaïcain connaissent bien l'histoire de cette distillerie basée au sud de l'île.

C'est en 1949 que la distillerie s'implante sur l'habitation sucrière Monymusk. Depuis, le rhum n'a pas cessé d'y couler ; elle est aujourd'hui sous le giron de Diageo (producteur du rhum Captain Morgan et National Rums of Jamaica [NRJ] avec la Maison Ferrand, qui est entrée au capital). Deux univers se font face au sein d'un même site : d'un côté, la tradition, avec l'ancienne distillerie Clarendon et ses alambics, dont un pot still à double retors Vendome pour des rhums chargés en esters, et de l'autre, la modernité, avec un nouvel équipement, une triple colonne high-tech achetée pour plusieurs millions de dollars et installée en 2009 pour produire des rhums légers. Clarendon se fournit auprès de la sucrerie voisine Monymusk pour la mélasse et dispose de toute une armada de cuves en bois destinées à l'étape de fermentation naturelle qui peut durer un mois. Depuis 2012, Clarendon produit des rhums sous le nom de marque Monymusk, pour le groupe Diageo et d'autres marques de rhum.

LE PRODUIT PHARE

MONYMUSK CLASSIC GOLD RUM, 40°, 70 CL

Le rhum Monymusk Classic Gold est un assemblage de rhums de mélasse, distillés dans un alambic à trois colonnes et un alambic pot still, et sélectionnés à partir de fûts de chêne américain brûlés où le rhum a maturé pendant un minimum de cinq ans. À découvrir en cocktail de type old fashioned ou en dégustation avec un beau glaçon.

Au nez : une approche olfactive très intéressante autour de notes de mélasse et de chêne, accompagnées harmonieusement de fruits mûrs, de vanille et de caramel.

En bouche : un palais qui s'habille de saveurs d'une belle douceur agrémentées subtilement de notes de chêne, d'un soupçon de zeste d'orange et d'un mélange d'épices des Caraïbes.

WORTHY PARK :
UNE DISTILLERIE CHARGÉE D'HISTOIRE

Bienvenue dans l'une des plus vieilles distilleries de la Jamaïque, chargée d'une longue et vibrante histoire.

Petit voyage dans le temps pour comprendre son histoire. En 1670, les Britanniques ont conquis la Jamaïque depuis quinze ans. Pour récompenser le lieutenant Francis Price de ses téméraires services, l'amiral de la marine Olivier Cromwell lui offre le domaine de Worthy Park, basé au cœur de la vallée luxuriante de Lluidas, dans la paroisse de Sainte-Catherine. C'est seulement en 1720 que démarre la production de sucre sur ce domaine à 400 mètres au-dessus de la mer, qui a perduré jusqu'à nos jours. Autre date à marquer d'une croix blanche : 1741, première distillation de rhum dans les murs de Worthy Park.

Coup dur en 1960 : la distillerie doit stopper son activité, une demande faite par la Spirits Pool Association of Jamaica jugeant qu'il y a un excès de production de rhum sur l'île. Heureusement, tout est aujourd'hui rentré dans l'ordre. En 2023, la quatrième génération de la famille Clarke (propriétaire de la distillerie depuis 1918) est aux commandes de Worthy Park. Le domaine cultive plus de vingt variétés de cannes à sucre sur 40 % du domaine, c'est-à-dire 1 400 hectares, dont trois variétés permettent un meilleur rendement. Depuis 2004, une nouvelle distillerie a pris place sur plus d'un hectare et demi pour créer un rhum de mélasse de caractère et raffiné. Qu'est-ce qui différencie Worthy Park ? Elle est la seule distillerie sur l'île à tout produire de A à Z, notamment la mélasse. Autre signe distinctif : l'utilisation de trois levures propres et de deux temps de fermentation (deux à trois semaines pour des rhums lourds et environ trente heures pour des rhums légers) dans une salle équipée de six cuves. Côté vieillissement, dix mille fûts reposent tranquillement dans le chai. Certains ont contenu du porto, d'autres du madère, du cognac et du calvados. Un gage de qualité et de créativité.

LES DEUX PRODUITS PHARES

WORTHY PARK 109 PROOF, 54,4°, 70 CL

Ce rhum de mélasse 100 % issu de canne à sucre de la distillerie est vieilli pendant trois ans en fûts de bourbon au cœur de la distillerie. Les barmen le conseillent en cocktail tiki mais aussi dans un indétrônable old fashioned.

Au nez : une explosion de vanille, de fruit de la passion et d'épices.

En bouche : l'apothéose de la gourmandise combinant caramel, toffee et bois.

WORTHY PARK RUM-BAR WHITE OVERPROOF, 63°, 70 CL

Lancé en 2007, ce rhum de mélasse issu de la gamme Rum-Bar de Worthy Park rend hommage aux bars à rhum jamaïcains et à ses clients qui plébiscitent le rhum blanc overproof. À déguster seul sur glace ou en cocktail.

Au nez : un parfum puissant tendant sur le toffee, l'agrume et les fruits exotiques.

En bouche : un bouquet d'arômes longs et persistants avec des notes de chocolat, de fraîcheur et de vanille.

PORTO RICO

UNE BALADE DANS LE PAYS

Situé dans les Caraïbes, entre la République dominicaine et les îles Vierges, Porto Rico a la caractéristique d'être un État libre tout en étant rattaché aux États-Unis. Les Américains, conquis par ses 365 plages de sable fin et ses casinos, clubs et restaurants qui rythment la vie nocturne de l'île, en ont d'ailleurs fait une de leurs destinations préférées. San Juan, la ville principale, a gardé les influences de la période espagnole avec ses façades aux couleurs pastel, ses rues pavées ainsi que ses deux forts imposants, dont El Morro, construit à l'époque par les conquistadors pour garder l'entrée de la ville et du port. La population est le fruit du brassage multiculturel des civilisations amérindiennes, africaines et américaines, qui ont laissé leur trace dans la gastronomie, la culture et le rhum, bien sûr.

On y cultive un art de vivre détendu et hospitalier. Au sud-est de San Juan se trouve la seule forêt tropicale dépendant de l'US National Park Service, qui abrite de superbes cascades. On y croise des grenouilles dont le coassement rappelle le cri d'un oiseau, ainsi que de nombreux perroquets multicolores. De nuit, sur la côte sud-est de l'île, on peut admirer dans l'eau le spectacle de milliers de particules luminescentes qui créent un spectacle onirique de flots scintillants. Vous pouvez aussi explorer les sous-sols et découvrir les formations rocheuses surréalistes des 220 grottes de Cavernas del Rio Camuy.

LE MARCHÉ DU RHUM DE PORTO RICO

- **Cette île réunit trois grands noms internationaux du rhum :** Bacardí, Don Q et Captain Morgan (*spiced rum*).
- **La culture de la canne à sucre est arrivée sur le tard**, à partir du milieu du XIXe siècle, sous l'influence des colonies françaises, hollandaises, anglaises et espagnoles.
- **À partir des années 1930**, le gouvernement américain adopte certaines mesures fiscales pour faciliter l'installation de distilleries sur l'île de Porto Rico. C'est le début de l'essor du rhum.
- Le rhum produit est le **ron**, le rhum de style hispanique (léger).
- **Porto Rico exporte plus de 70 % de son rhum aux États-Unis.**

CAP SUR SES PRODUCTEURS

BACARDÍ

C'est l'une des marques de rhum les plus vendues au monde. Elle est symbolisée par une chauve-souris. Elle s'accorde à merveille en daiquiri et en mojito depuis la naissance des cocktails à Cuba.

Le cours de l'histoire du pays a influencé celui de cet éminent rhum né en 1862. Son fondateur s'appelle Don Facundo Bacardí Massó. Cet émigré et entrepreneur catalan achète une distillerie pour produire à Santiago de Cuba un rhum léger issu d'un assemblage d'aguardiente distillée à 75° et de redistilado distillé à 95° en alambic multicolonne, le tout filtré au charbon.

En effet, le créatif espagnol est l'auteur de ce système de filtrage réalisé à l'aide de treize types de charbons de bois différents, après le vieillissement du rhum en fûts. L'objectif : retrouver une couleur translucide, mais aussi préserver toute une kyrielle de saveurs avec l'échange du bois. Un tabac ! À l'arrivée du régime de Fidel Castro, la distillerie passe des mains de Don Facundo Bacardí Massó à celles de l'État. Ce businessman à l'esprit prévoyant avait déjà mis en place deux distilleries dans les années 1930, l'une au Mexique et l'autre à Catano, sur l'île de Porto Rico. Il développe dans cette dernière son outil de production. Baptisée « la cathédrale du rhum », la distillerie de l'entreprise familiale est aujourd'hui l'une des plus importantes structures du rhum au monde. La recette est restée identique à celle de son fondateur : un rhum élaboré à partir de trois ingrédients – la mélasse de haute qualité, une souche unique de levure et de l'eau de source locale – distillés, vieillis, filtrés et mélangés. Les maestros de Ron Bacardí veillent, depuis des décennies, à la production de ce rhum populaire afin de garder son authenticité.

C'est le maestro ronero Troy Arquiza qui est à la tête de l'équipe, œuvrant depuis vingt ans pour préserver la qualité des différentes cuvées de Bacardí. Engagé pour la protection de la planète, Bacardí s'investit, à partir de 2023, dans une politique de développement durable, notamment dans la réduction de moitié de ses émissions de gaz à effet de serre (GES) grâce à la mise en service d'un système de production combinée de chaleur et d'électricité (CHP). Le nouveau système remplacera le mazout lourd par du gaz propane, une solution énergétique beaucoup plus propre et plus efficace. À noter que la distillerie a obtenu la certification du Wildlife Habitat Council (WHC) pour son engagement envers la gestion de l'environnement.

LES DEUX CUVÉES PHARES

BACARDÍ CARTA BLANCA, 37,5°, 70 CL

L'une des cuvées à avoir dans sa cave si vous êtes amateur de cocktail. Premier rhum réalisé par Don Facundo, Bacardí Carta Blanca est un rhum de mélasse léger, vieilli en fûts de chêne blanc durant un à deux ans avant d'être filtré au charbon pour retrouver sa belle robe transparente. C'est l'un des rhums qui ont participé à l'essor de la scène cubaine à travers des cocktails comme le mojito et le daiquiri.

Au nez : on savoure ses arômes délicats de vanille et d'amandes.

En bouche : un aller-retour aromatique sur l'île de Porto Rico qui promet des saveurs de rhum léger sur des notes florales et fruitées.

BACARDÍ RESERVA OCHO 8 ANS, 40°, 70 CL

Un rhum qui a vu défiler sept générations depuis sa création. Bacardí Reserva Ocho 8 ans est un rhum de mélasse vieilli pendant au moins huit ans sous le climat tropical des Caraïbes. Il est fortement conseillé en cocktail classique tel qu'un old fashioned.

Au nez : on part s'évader sur la route de Porto Rico avec des notes d'abricots séchés, de fruits secs et de feuilles de bananier.

En bouche : la route se poursuit sur des notes de fruits exotiques, de vanille et d'épices.

RÉPUBLIQUE DOMINICAINE

UNE BALADE DANS LE PAYS

La République dominicaine, située dans les Caraïbes, partage l'île d'Hispaniola avec Haïti. Elle est connue pour être le pays d'Amérique où ont été construits les premiers édifices religieux, médicaux et éducatifs. Saint-Domingue, sa capitale, est devenue la principale destination touristique des Caraïbes, dépassant même Cuba, grâce à ses magnifiques plages de sable blanc bordées de cocotiers. La véritable richesse de Saint-Domingue réside dans la diversité de ses paysages et des sensations engendrées. Les regards chaleureux et la gentillesse omniprésente vous accueillent lors de votre découverte de l'île.

La musique locale, notamment la bachata, ajoute une touche de sensualité et invite même les plus timides à se lancer sur le *dance floor* de nombreux clubs. À l'intérieur des terres ou sur la partie côtière moins touristique se trouvent les petits ports de pêche, les villages isolés et les montagnes propices aux activités de plein air, avec en toile de fond le majestueux Pico Duarte, le plus haut sommet des Caraïbes, accessible aux plus téméraires.

Parmi les sites naturels à découvrir, la presqu'île de Samana abrite le parc national Los Haitises, idéal pour une balade à travers les mangroves où vivent de nombreuses espèces d'oiseaux. Le parc national del Este est réputé pour ses paysages sublimes et sa biodiversité exceptionnelle. Les parcs nationaux Armando Bermudez et José del Carmen Ramirez, situés au centre de l'île, offrent de belles opportunités de randonnées.

LE MARCHÉ DU RHUM DE LA RÉPUBLIQUE DOMINICAINE

- **Si vous aimez le rhum léger cubain**, vous aimerez le rhum de la République dominicaine. Quelques distilleries basées sur l'île aux allures de crocodile ont quitté le pays au moment de la dictature pour s'installer dans ce beau terroir des Caraïbes.
- Les premières plantations de sucre se seraient installées en République dominicaine au XVIe siècle par l'intermédiaire des **colons espagnols**.
- La majorité des rhums est réalisée à base de **mélasse**.
- Peu exportées pendant des années, quelques marques de rhum de renom viennent aujourd'hui **s'imposer sur les marchés étrangers avec des rhums premium de haute qualité**.

CAP SUR SES PRODUCTEURS

BRUGAL :
TOUT LE SAVOIR-FAIRE DE SES *MAESTROS RONEROS*

C'est une histoire d'amour entre un Catalan, Andres Brugal Montaner, la République dominicaine et le rhum.

En 1888, l'entrepreneur décide d'implanter une sucrerie et une distillerie sur cette île des Caraïbes. Le propriétaire de la distillerie apprend l'art de produire du rhum à Santiago de Cuba pour créer de beaux liquides au style léger. La qualité de ses rhums est rapidement plébiscitée. Aujourd'hui, l'entreprise compte 960 employés et 10 références.

La cinquième génération poursuit l'excellent travail d'Andres Brugal Montaner : un rhum de mélasse réalisé à partir d'alambics à multiples colonnes d'où le distillat coule à 95°. Trois *maestros roneros*, dont Jassil Villanueva, la première femme *maestra ronera* de la République dominicaine, supervisent la production, l'assemblage et le vieillissement dans d'ex-fûts de bourbon et de sherry. L'entreprise familiale a été rachetée en 2008 par le groupe écossais Edrington (Macallan, The Glenrothes…).

LA CUVÉE PHARE

BRUGAL 1888, 40°, 70 CL

Le rhum emblématique de la maison Brugal. Brugal 1888 bénéficie d'un double vieillissement : un premier élevage dans des fûts de chêne américain ex-bourbon (entre six et huit ans) puis une seconde maturation dans des fûts de xérès européens (entre quatre et six ans). Une cuvée complexe qu'on conseille vivement en cocktail avec un twist de negroni, mais aussi en dégustation.

Au nez : des arômes gourmands à souhait sur des notes de fruits secs, d'épices, de chocolat et torréfiées.

En bouche : un rhum riche en goût qui fait saliver dès la première gorgée avec ses saveurs de miel, de fruits rouges, de cacao et de vanille.

BARCELÓ :
L'UN DES FLEURONS DE LA RÉPUBLIQUE DOMINICAINE

Fondée en 1930 par Julián Barceló, un jeune entrepreneur espagnol, la distillerie a fait un sacré bout de chemin depuis sa création.

En plus de quatre-vingt-dix ans d'activité, la sixième marque de rhum la plus vendue au monde est distribuée dans quatre-vingt pays. La maison lance son premier ron en 1950. Celui-ci est fabriqué à partir de jus de canne d'origine dominicaine. Il est fermenté entre vingt-quatre et quarante-huit heures puis distillé en alambic multicolonne et vieilli en fûts de chêne blanc américain après les étapes de ponçage et de chauffe des fûts. En quelques années, Barceló devient l'un des rhums phares de l'île. En 2006, la marque passe dans les mains d'un groupe espagnol mais conserve tout l'ADN qui a fait son succès. C'est le maître de chai Eduardo Galindez qui supervise l'assemblage et le vieillissement.

LES DEUX CUVÉES PHARES

BARCELÓ IMPERIAL 40 ANIVERSARIO, 43°, 70 CL

Avis aux amateurs de la maison. La cuvée phare Barceló Imperial souffle ses 40 bougies et lance Barceló Imperial Premium Blend 40 Aniversario. Ce rhum est un assemblage d'anciennes réserves d'Imperial vieillies entre huit et dix ans en ex-fûts de bourbon. Et ce n'est pas tout ! Cette expression a été affinée pendant deux ans dans des fûts de chêne français ayant contenu du sauternes. Dernière étape après ce double vieillissement : l'assemblage repose pendant dix années supplémentaires dans des foudres de chêne français neufs.

Au nez : un paradis aromatique pour des âmes gourmandes autour de notes de crème brûlée, de raisins secs caramélisés, d'épices douces, de fruits secs et de bois de chêne.

En bouche : un profil gourmand, sec et complexe naviguant entre des fruits à coque et de bois pour plonger vers des saveurs d'épices douces, de feuille de tabac.

BARCELÓ ORGANIC, 37,5°, 70 CL

Événement dans la stratosphère du rhum de la République dominicaine ! La distillerie de Julián Barceló lance le premier rhum bio provenant d'une parcelle de cannes à sucre cultivées en bio. Barceló Organic est un assemblage de rhums bio de 24 mois à 5 ans vieillis exclusivement en fûts de chêne blanc américain neufs.

Au nez : des parfums étonnants et séduisants marqués par des notes de cerise caramélisée, de caramel et de tabac.

En bouche : une attaque longue et douce qui se déploie sur des notes de fruits secs grillés et de vanille.

MATUSALEM :
LE COGNAC DU RHUM

L'histoire de la distillerie Matusalem se déroule en deux temps. Elle naît en 1872 à Santiago de Cuba.

Ses deux fondateurs, Benjamín et Eduardo Camp, ont la fine idée de ramener d'Espagne la méthode solera pour faire vieillir et assembler leur rhum. Une grande première à Cuba ! L'affaire prospère pendant trente ans avant l'arrivée de Fidèle Castro en 1959. La distillerie ferme ses portes du jour au lendemain. Résurrection en 1995 avec Claudio Alvarez, l'arrière-petit-fils du fondateur, qui relance la machine sur les terres de la République dominicaine. Son climat presque identique à celui de Cuba permet de préserver la méthode de vieillissement en solera, la botte secrète de la maison. Installée aujourd'hui sur un nouveau site de production plus high-tech, la distillerie utilise uniquement des alambics à colonne et préserve ses méthodes de vieillissement de style hispanique qui donnent au rhum un profil très doux.

LES DEUX CUVÉES PHARES

RON MATUSALEM GRAND RESERVA 15 ANS, 40°, 70 CL

C'est le produit phare de la maison, très accessible à tous les palais. Ce rhum est vieilli selon la méthode solera. À noter que c'est l'un ses rhums les moins sucrés de sa catégorie (5,7 grammes/litre).À découvrir sans hésitation sur un old fashioned.

Au nez : une porte d'entrée pour découvrir les arômes de la République dominicaine, les fruits secs et le caramel.

En bouche : on se délecte de ses belles notes de vanille, de bois et de fruits tropicaux.

RON MATUSALEM GRAND RESERVA 23 ANS, 40°, 70 CL

Tout le savoir-faire du rhum Matusalem en une seule bouteille ! Ce rhum ultra-premium de style hispanique est vieilli selon la méthode solera. Déjà sept trophées au compteur ! Un gage de qualité !

Au nez : un long et palpitant voyage sur des arômes de fruits exotiques, de café et de caramel.

En bouche : une texture soyeuse, des saveurs élégantes et des notes crémeuses, voici le parfait combo pour un rhum de la République dominicaine !

- TOUR DU MONDE DU RHUM -

CAP SUR

L'AMÉRIQUE CENTRALE

LE BELIZE

UNE BALADE DANS LE PAYS

Le Belize est un petit pays d'Amérique centrale situé sur la côte est de la péninsule du Yucatán. Il est bordé par le Mexique au nord, par le Guatemala à l'ouest et par la mer des Caraïbes à l'est. L'arrivée des Britanniques au XVIIe siècle en a fait une colonie anglaise connue sous le nom de Honduras britannique, et ce n'est que récemment, en 1981, que le pays a obtenu son indépendance.

La barrière de corail, l'un des plus grands systèmes coraliens au monde, a été inscrite au patrimoine mondial de l'Unesco afin de préserver les réserves marines abritant une incroyable biodiversité. Le pays compte plusieurs parcs nationaux et réserves naturelles où sont réunies une flore et une faune très variées, notamment des jaguars, des singes hurleurs, des lamantins et une grande diversité d'oiseaux. À l'intérieur des terres, on trouve des sites archéologiques mayas très bien préservés, tels que Caracol, Xunantunich et les grottes impressionnantes de Actun Tunichil Muknal. La jungle luxuriante, les plages de sable blanc bordées de cocotiers, la plongée sous-marine pour explorer les épaves et les récifs, le kayak dans les rivières et les mangroves, et l'expérience de la culture riche des communautés locales garifunas sont autant d'expériences accessibles dans ce pays attachant.

LE MARCHÉ DU RHUM DE BELIZE

- Comparée à celle des autres colonies britanniques ou hispaniques, la culture de la canne à sucre a démarré tardivement, aux alentours du XIXe siècle. Les différents conflits à proximité du pays, tels que la guerre américano-mexicaine et la guerre de Sécession, ont ramené une main-d'œuvre avec un savoir-faire dans la canne à sucre.
- **Aujourd'hui, l'industrie sucrière pèse lourd économiquement au Belize.** La production et les exportations de canne à sucre s'élèvent à plus de 50 % de la production agricole de ce petit pays.
- C'est seulement dans les années 1950 que les premiers rhums ont coulé dans les cuves.
- Sur les étagères des cavistes, vous pourrez constater que de nombreux embouteilleurs indépendants se fournissent au Belize **pour la qualité de son rhum de style anglo-saxon**.

CAP SUR SES PRODUCTEURS

COPALLI RUM :
UNE DISTILLERIE ENGAGÉE DANS LE MONDE DU RHUM

Il faut traverser la forêt tropicale au sud du pays pour dénicher cette oasis du rhum, entre un lodge de luxe (Copal Tree), une ferme et une distillerie, qui œuvre pour la protection de la planète et le bien-être de sa communauté.

Alléluia ! Ses fondateurs s'appellent Will Maheia et Todd Robinson et sont des militants pour la préservation de l'environnement depuis la première heure. Copalli est l'une des rares distilleries d'Amérique latine à produire un rhum bio, mais surtout à intégrer toutes les étapes de production sur un espace de 9 000 hectares, de la culture de la canne à sucre bio à l'embouteillage. On parle ici de rhum *single estate* (comme pour le whisky). Le pilier de ce rhum de Belize repose sur trois ingrédients : sa propre canne à sucre certifiée bio, l'eau pure de la canopée (pour la réduction) et les levures bios. Contrairement aux autres distilleries de ce pays friand de l'utilisation de la mélasse, Copalli Rum distille uniquement le jus de canne à sucre en colonne ou en alambic charentais. Selon sa philosophie, « tout redonner à la nature », l'entreprise travaille sur le principe du « zéro impact environnemental ». Elle recycle les déchets de la canne qui sont séchés et brûlés pour créer la vapeur de la distillation, tandis que le résidu liquide, la vinasse, sert pour fertiliser les champs.

Ce rhum éthique est l'un des plus importants employeurs de la région et accompagne l'éducation des enfants de ses salariés. Les amoureux de la nature peuvent profiter d'un séjour ressourçant au luxueux Copal Tree Lodge, campé à quelques kilomètres du site de production, pour vivre une expérience autour de l'agrotourisme durable.

LES DEUX CUVÉES PHARES

COPALLI BLACK CANE, 45°, 70 CL

Un ovni dans le monde du rhum, ce rhum bio de jus de canne noire est élaboré en double distillation dans un alambic pot still et vieilli pendant trois mois dans des réservoirs.

Au nez : le paradis des arômes de canne fraîche.

En bouche : le royaume des saveurs fruitées, riches et incroyablement fraîches.

COPALLI CACAO, 40°, 70 CL

Une cuvée pour des palais gourmands. Cette boisson spiritueuse à base de rhum bio est réalisée à partir de quatre ingrédients locaux : canne à sucre bio, eau pure de la canopée, fèves de cacao et levure bio. Ce liquide original est réalisé en double distillation dans un alambic pot still. Le distillat est ensuite infusé avec des fèves de cacao fraîchement torréfiées, puis redistillé.

Au nez : des arômes de chocolat et de canne qui chatouillent les narines.

En bouche : un bijou de saveurs chocolatées, d'épices et de canne fraîche.

LE GUATEMALA

UNE BALADE DANS LE PAYS

Situé entre le Mexique au nord, le Honduras et le Salvador au sud, le Guatemala a une riche histoire précolombienne, avec l'existence de civilisations mayas prospères. Au XVIe siècle, les Espagnols ont conquis la région et ont établi une colonie qui a duré près de trois siècles. Le pays a finalement obtenu son indépendance en 1821. Les paysages y sont variés, allant des hautes montagnes à des volcans actifs, en passant par des plaines côtières et des forêts tropicales. À l'ouest de la capitale Guatemala, le lac Atitlán, entouré de majestueux volcans, est réputé comme l'un des plus beaux du monde. Les vestiges mayas de Tikal sont parmi les sites archéologiques les plus fascinants. Au cœur des jungles luxuriantes de Petén, on observe une incroyable diversité de flore et de faune. Le charme des villes n'est pas en reste, de la magnifique architecture de la ville d'Antigua, marquée par l'histoire coloniale, aux marchés colorés de Chichicastenango où l'on peut trouver les tamales, des papillotes végétales fourrées aux saveurs uniques de la cuisine guatémaltèque, et se délecter d'un bon café.

LE MARCHÉ DU RHUM AU GUATEMALA

- Bien que la culture de la canne à sucre ait démarré au XVIe siècle, la production du rhum a pris son essor seulement au milieu du XIXe siècle.
- **La distillerie Industrias Licoreras de Guatemala produit les deux plus grands noms du rhum d'Amérique centrale :** Botran et Zacapa, élevés en haut des montagnes.
- **Depuis 2010, les rons du Guatemala obéissent à une dénomination d'origine contrôlée (DOC) et doivent respecter certaines règles :** le rhum doit être produit à partir de miel de canne à sucre, distillé en alambic, élevé en altitude et vieilli selon la méthode solera.

CAP SUR SES PRODUCTEURS

BOTRAN : UNE BELLE HISTOIRE FAMILIALE AUTOUR DU RHUM

C'est la belle histoire de cinq frères Botran (Venancio, Andrès, Felipe, Jesus et Alejandro) issus d'une famille d'émigrés espagnols qui ont le rhum dans la peau.

En 1939, ce quintette monte sa distillerie, Industrias Licoreras de Guatemala, avec l'ambition de produire un rhum à partir de miel vierge de canne à sucre, réputé pour ses saveurs végétales et fruitées. Celle-ci est cultivée dans la région de Retalhuleu, au sud du pays, sur des terres bénéficiant d'un sol volcanique et d'un climat tropical. Des conditions parfaites pour la canne à sucre.

Comment la maison Botran réalise-t-elle son miel vierge de canne ? Le jus frais de canne est filtré et clarifié puis chauffé et concentré sous vide pour conserver toutes ses qualités aromatiques. Autre point qui différencie la distillerie du Guatemala : la fermentation, qui peut durer jusqu'à cent vingt heures, est élaborée à partir d'une levure originale, confectionnée à partir d'ananas. Distillé en continu dans un alambic à double colonne, le rhum de Botran bénéficie de l'environnement hautement montagneux du Guatemala. Les distillats sont élevés selon la méthode solera à 2 333 mètres d'altitude, dans le centre du pays, qui bénéficie d'un climat tempéré, pour obtenir un vieillissement plus lent et des rhums extrêmement expressifs.

Quatre types de fûts sont utilisés pour sublimer ce rhum : fût de bourbon, fût de bourbon rebrûlé, fût de xérès et fût de porto. Les rhums Botran respectent le cahier des charges de l'indication géographique, reconnue par l'Union européenne depuis 2010.

LES DEUX PRODUITS PHARES

RHUM VIEUX BOTRAN RARE CASK FRENCH WINE FINISH, 40°, 70 CL

Derrière cette bouteille opaque se cache un rhum associant deux terroirs, celui du Guatemala et celui de la France. Le rhum Botran Rare Cask French Wine Finish est un rhum de mélasse réalisé à partir de différentes réserves de rhum de la distillerie, vieilli en méthode solera, et qui a bénéficié d'une finition à la française en ex-fûts de vin blanc français. Ce rhum vieux illustre à merveille la méthode exclusive de vieillissement dynamique utilisée par Botran. De plus, l'affinage permet de façonner davantage le profil aromatique du rhum Botran Rare Cask French Wine Finish.

Au nez : un voyage dépaysant autour d'arômes de fruits secs, d'épices, de vanille, mais aussi de parfums vineux et boisés.

En bouche : un second périple aromatique sur la même veine, marqué par une touche tanique.

RHUM BLANC BOTRAN RESERVA BLANCA

Le grand classique de la maison ! Le rhum Botran Reserva Blanca est réalisé à partir de miel vierge de canne à sucre et vieilli selon la méthode solera. Pour retrouver sa couleur translucide, le rhum est filtré sur un lit de charbon.

Au nez : honneur aux arômes de vanille et de bois.

En bouche : belle surprise avec une longueur qui marque les sens autour de saveurs fruitées et de canne fraîche.

ZACAPA :
UN RHUM INSPIRÉ PAR LA CULTURE GUATEMALTHÈQUE

Créé en 1976 à l'occasion du 100e anniversaire de la ville de Zacapa, localisée à 112 kilomètres de Guatemala City, la capitale du Guatemala, le ron Zacapa est produit dans la même distillerie que Botran, avec une identité bien distincte.

Sa production obéit au cahier des charges de la DOC : du miel vierge comme matière première, une distillation en colonne avec un distillat final à 86°, un vieillissement en altitude en méthode solera. L'assemblage et le vieillissement sont gérés par la grande experte Lorena Vasquez, maître de chai depuis 1982.

Comme un chef d'orchestre, cette femme très influente dans le monde hispanique compose des assemblages de rhums ultra-aromatiques et complexes avec différents profils de fûts (chênes blancs américains, anciennement utilisés pour du bourbon, chênes européens ayant contenu du cognac, du xérès ou du pedro ximénez). Chaque fût est travaillé avec des degrés de chauffe différents, en fonction des caractéristiques finales recherchées. Un travail d'orfèvre ! Autre signe distinctif en l'honneur du savoir-faire guatémaltèque : sept cents femmes issues de la communauté rurale du Guatemala tissent un petate, un tressage de feuilles de palmier royal, qui entoure les bouteilles de Zacapa.

LA CUVÉE PHARE

ZACAPA XO, 40°, 70 CL

L'un des rhums signature de cette institution du rhum de Guatemala. Zacapa XO est le fruit d'un assemblage de rhums vieillis au moins 6 ans en méthode solera. Lorena Vásquez a pris soin de faire vieillir deux années supplémentaires dans d'ex-fût de cognac.

Au nez : on se laisse envoûter par ses notes de chêne et de caramel brûlé, de noix torréfiées, de pâte d'amande et d'écorces d'orange.

En bouche : on savoure avec plaisir ses saveurs délicates, soyeuses et gourmandes de fruits exotiques et d'épices.

NICARAGUA

UNE BALADE DANS LE PAYS

Le Nicaragua, plus grand pays d'Amérique centrale en terme de superficie, est bordé par le Honduras au nord et le Costa Rica au sud. À l'ouest, il est longé par l'océan Pacifique, tandis qu'à l'est se trouve la mer des Caraïbes. En 1524, les Espagnols, dirigés par Francisco Hernández de Córdoba, ont conquis la région autrefois habitée par des populations autochtones, notamment les Mayas et les Nahuas, la transformant en une colonie espagnole au sein de la Capitainerie générale du Guatemala. Côté nature, dans l'ouest du pays s'étendent les grandes plaines surplombées de volcans, dont certains sont encore actifs. Le plus haut d'entre eux, le volcan San Cristóbal, culmine à 1 745 mètres d'altitude. Le lac Nicaragua, également connu sous le nom de lac Cocibolca, est le plus grand lac d'eau douce d'Amérique centrale et abrite de nombreuses îles, dont l'île d'Ometepe, formée par deux volcans.

Paysage inoubliable garanti ! Granada, cette belle ville coloniale, est l'une des plus anciennes du continent américain et dispose d'une architecture coloniale espagnole bien préservée. Explorez ses rues pavées, visitez sa cathédrale et profitez d'une vue imprenable depuis la tour de la Merced. À voir aussi, les somptueuses fresques murales de la ville de Léon. À l'est du pays, l'ambiance n'est pas espagnole, mais *british*. Au large du Nicaragua, les îles du Maïs et quelques confettis de cayos plantés de cocotiers dessinent encore un autre univers aux airs caribéens, décor parfait pour siroter un bon rhum.

LE MARCHÉ DU RHUM AU NICARAGUA

- **La canne à sucre est arrivée sur le tard,** à partir de la fin du XIXe siècle.
- **Le Nicaragua possède la plus grande activité volcanique au monde,** propice à la culture de la canne à sucre.
- **La première distillerie Flor de Cana** est née quelques années après le début de la culture de la canne à sucre
- **Les embouteilleurs indépendants** se battent pour son rhum doux et aromatique.

CAP SUR SES PRODUCTEURS

FLOR DE CANA :
UNE DISTILLERIE AVEC UNE PHILOSOPHIE D'ÉCORESPONSABILITÉ

C'est aujourd'hui l'une des distilleries qui revendique des valeurs associées au développement durable. Elle a été gratifiée de la certification *Fair Trade*.

Il faut remonter les aiguilles du temps pour comprendre l'histoire de l'unique distillerie familiale du Nicaragua. Son créateur, d'origine italienne, Alfredo Francisco Pellas Canessa, a œuvré dans l'activité des bateaux à vapeur avant de s'investir dans le monde du rhum. Le climat et l'environnement fertile, propices à la culture de la canne à sucre et à la production de rhum, l'ont amené, en 1890, à édifier sa distillerie au pied du San Cristóbal, le volcan le plus élevé du Nicaragua, qui culmine à 1 745 mètres d'altitude et est toujours en activité. Plus de soixante-dix années plus tard, la distillerie rattachée au groupe Pellas s'ouvre sur le marché international. En 2023, cet empire constitué de plus de six cents salariés a gardé sa configuration familiale, avec à sa tête Eduardo Pellas, figure de la cinquième génération, porteur du savoir-faire de ce rhum élaboré à partir de mélasse issue de cannes à sucre cultivées sur des terres fertiles et distillé dans des alambics à cinq colonnes adaptés pour la production de rhums hispaniques légers.

Tout le process de production est organisé pour réduire l'empreinte carbone : de la production de la canne à sucre à la réutilisation des têtes et des queues de la distillation pour l'énergie renouvelable, en passant par le réemploi des fûts de bourbon démontés à leur arrivée à la distillerie et rebrûlés. Le bien-être de ses employés et de leur famille a toujours tenu à cœur à l'entreprise. En 1958, Flor de Cana a monté un hôpital au sein de la distillerie.

LES DEUX CUVÉES PHARES

FLOR DE CANA 7 ANS GRAN RESERVA, 40°, 70 CL

C'est l'un des vaisseaux amiraux de la distillerie ! Flor de Cana 7 ans est un assemblage corsé de jeunes et vieux rhums issus d'un élevage en fûts de bourbon pendant sept ans sous un climat tropical, sans aucun rajout de sucre.

Au nez : les narines sont flattées par des notes de noix de coco grillée, de vanille et de fruits secs.

En bouche : les papilles sont réveillées agréablement par des notes gourmandes de miel et de chocolat.

FLOR DE CANA 12 ANS, 40°, 70 CL

Ce rhum a été couronné de la médaille d'argent en 2015 à la prestigieuse San Francisco World Spirits Competition. Ce rhum vieux traditionnel est issu d'un assemblage de rhums vieux et de rhums plus jeunes beaucoup plus frais ayant été élevés pendant plusieurs années dans des fûts de bourbon. À déguster en highball avec de l'eau gazeuse.

Au nez : un agréable moment olfactif autour d'arômes de fruits rouges, de miel et de noisettes grillées.

En bouche : un doux moment de dégustation et d'équilibre autour de notes boisées, de vanille et de pommes cuites.

PANAMA

UNE BALADE DANS LE PAYS

Le Panama est un pays relativement petit par rapport à ses voisins. Il est bordé par l'océan Pacifique à l'ouest et l'océan Atlantique à l'est, ce qui en fait le seul endroit au monde où vous pouvez voir le soleil se lever sur l'océan Atlantique et se coucher sur le Pacifique en une seule journée. Le célèbre canal de Panama, qui relie ces deux océans, est une prouesse d'ingénierie et un élément clé de l'économie du pays. Passé de main en main tout au long de son histoire, le Panama a vu se succéder à sa tête les explorateurs espagnols au XVIe siècle, puis il a fait partie de la vice-royauté du Pérou avant de devenir une partie de la Colombie au XIXe siècle. Il a finalement obtenu son indépendance en 1903, avec l'aide des États-Unis, ce qui a abouti à la construction du célèbre canal. La culture panaméenne est un mélange unique né de l'influence de ses occupants : indigènes, Espagnols, Africains et Américains.

Les traditions culturelles sont préservées par les différentes communautés, notamment les Emberás et les Kunas, qui sont connus pour leur artisanat et leurs danses traditionnelles. Le Panama possède une biodiversité incroyable en raison de sa position géographique unique. De vastes forêts tropicales abritent une variété d'espèces animales, dont des singes, des toucans, des paresseux et bien d'autres.

LE MARCHÉ DU RHUM AU PANAMA

- **L'histoire du Panama est jeune**, comparée à celle de ses voisins d'Amérique latine.
- **La culture de la canne est localisée principalement dans la province de Herrera** où le climat est propice et le sol fertile pour le développement de la plante.
- Le rhum du Panama est dans la tradition hispanique, **réalisé à partir de mélasse** et distillé dans un alambic à colonne.
- **Son jus aromatique est prisé des embouteilleurs indépendants.**

CAP SUR SES PRODUCTEURS

RON ABUELO : UN RHUM LÉGER COMME À CUBA

Derrière ce rhum au drôle de nom (Ron Abuelo signifie « grand-père au rhum ») se cache la plus importante distillerie du pays, Varela Hermanos, bâtie en 1908.

Son fondateur, un immigré espagnol à l'esprit novateur du nom de Don José Varela Blanco, a posé les premières pierres de la culture de canne à sucre au Panama avec la création d'un moulin à Pesé. La production de rhum est arrivée ensuite en 1936. Depuis 1976, l'entreprise s'est installée à San Isidro sur des terres riches de 1 600 hectares de champs de cannes à sucre (cinq variétés de cannes à sucre) avec lesquelles cette institution réalise tous ses rhums. La distillerie est équipée de deux types d'alambics pour réaliser deux profils de distillats. Luis José Varela Jr, qui représente la troisième génération, est actuellement au gouvernail et poursuit l'incroyable travail de ses prédécesseurs : l'utilisation de jus de canne, de mélasse et de miel, une longue fermentation de quarante-huit à soixante-douze heures ; la production de deux profils de rhums, un rhum de mélasse produit pendant la saison des pluies et un rhum de jus de canne réalisé pendant l'été, vieillis séparément avant l'assemblage en fûts de chêne blanc américain de type ex-bourbon.

L'entreprise Varela Hermanos peut se vanter de la plus grande collection de rhums vieux d'Amérique centrale avec plus 120 000 barriques stockées (avec différents types de fûts, ex-bourbon, ex-oloroso sherry, ex-cognac et ex-porto tawny, dont certains datent du début des années 1970) dans ses 19 chais. Ses rhums vieux aux arômes subtils et élégants font l'objet de nouvelles expérimentations et jouent sur les saveurs et les terroirs.

LES DEUX CUVÉES PHARES

ABUELO 12 ANS, 40°, 70 CL

Représentant tout le savoir-faire de cette distillerie du Panama, Abuelo 12 ans est réalisé à partir de mélasse et de pur jus de canne fermentés puis distillés en colonne. Les rhums vieillis pendant douze ans minimum en fûts de chêne blanc sont ensuite minutieusement assemblés pour donner ce rhum doux et équilibré.

Au nez : tout un périple dans la jungle de ce pays verdoyant sur des arômes de caramel, de bois toasté, d'épices et de tabac.

En bouche : un moment de douceur et de gourmandise sur de belles notes de vanille, de caramel et d'épices.

ABUELO XV FINISH OLOROSO, 40°, 70 CL

Ce rhum fait partie d'un triptyque de rhums affinés dans des fûts spéciaux pour collecteur de rhum. Abuelo XV Finish Oloroso est un assemblage de rhums soigneusement sélectionnés, affinés en fûts de xérès de type oloroso.

Au nez : une belle complexité d'arômes vineux, de xérès et d'agrumes.

En bouche : une partie de plaisir de gourmandise sur des notes vanillées et de fruits secs.

SALVADOR

UNE BALADE DANS LE PAYS

Le Salvador, officiellement connu sous le nom de république du Salvador, est un petit pays situé en Amérique centrale. Il partage ses frontières avec le Guatemala à l'ouest, le Honduras au nord-est, et est bordé par l'océan Pacifique au sud. La capitale et plus grande ville du Salvador est San Salvador. Le pays a une riche histoire précolombienne, avec des peuples indigènes tels que les Mayas et les Pipils qui y ont vécu avant l'arrivée des Espagnols au xvie siècle. Après une période de domination espagnole, le Salvador a fait partie de la fédération d'Amérique centrale, qui comprenait également le Costa Rica, le Guatemala, le Honduras et le Nicaragua.

Le pays a finalement acquis son indépendance en 1838. Parmi les nombreux vestiges de la civilisation maya précolombienne, on trouve notamment les sites archéologiques de Joya de Cerén (un village maya bien préservé), San Andrés (ancienne cité maya) et Tazumal (pyramide et complexe cérémoniel). Le Salvador possède un paysage montagneux avec de nombreux volcans, dont celui de Santa Ana, le plus élevé d'Amérique centrale (2 381 mètres), l'Izalco et le San Salvador.

La côte pacifique du Salvador offre de superbes plages, idéales pour la détente et les sports nautiques, en particulier le surf. Des endroits populaires comme La Libertad et El Tunco attirent les surfeurs du monde entier. Un must : la délicieuse cuisine salvadorienne, qui comprend des plats tels que les pupusas (tortillas farcies), le ceviche (plat à base de poisson cru mariné) et les tamales, suivis d'un bon rhum, évidemment.

LE MARCHÉ DU RHUM AU SALVADOR

- Grâce à son climat tropical et à son sol fertile, **le Salvador compte 80 000 hectares de canne à sucre sur tout son territoire**. C'est l'une des principales cultures avec le café, le coton et le maïs.
- **Le pays a démarré la production de rhum tardivement, à partir des années 2000**, sûrement en raison des guerres civiles qui ont duré plusieurs années.
- **Il existe dix sucreries au Salvador** qui ont été privatisées en 1996.

CAP SUR SES PRODUCTEURS

CIHUATÁN :
UN HOMMAGE À LA CULTURE MAYA

Le surf n'est pas la seule attraction au Salvador, vous serez également charmé par le rhum de mélasse de cette distillerie localisée dans la vallée de Cihuatán, au nord du pays.

Fière de son histoire, cette filière de la sucrerie La Cabaña, lancée au début des années 2000, puise son inspiration dans la culture maya pour produire le premier véritable rhum du pays, qualitatif et créatif. Orchestrée par la talentueuse maître de chai Gabriela Ayala (ingénieur chimiste de formation), la distillerie Cihuatán (« la terre à côté de la femme endormie », en nahuatl) contrôle toute la fabrication de son rhum, de la canne à sucre récoltée aux alentours du site jusqu'à l'embouteillage. Depuis sa création, l'équipe explore de nouvelles techniques pour créer des jus à haut degré au profil unique. La fermentation de la mélasse est étalée sur trente-six heures tandis que la distillation est réalisée selon un processus continu avec une série de quatre colonnes pour obtenir deux types de distillats : un rhum brut de colonne lourd à 75° et un rhum brut de colonne léger à 94-94,9°. Pas de rhum blanc chez Cihuatán puisque les rhums sont directement vieillis dans un chai à 275 mètres au-dessus du niveau de la mer. Une localisation idyllique pour bénéficier de conditions climatiques optimales.

Autre botte secrète de la maison : la variété des fûts, installés à l'horizontale de manière pyramidale pour une qualité optimale, qui permet de jouer avec les saveurs (chêne américain ex-bourbon, chêne américain neuf, cognac, sherry, rivesaltes, Ceiba pentandra). Un clin d'œil original à leurs ancêtres, les Mayas. Dans un souci écologique, la distillerie produit sa propre électricité à partir de la bagasse, résidu fibreux de la canne à sucre.

LES DEUX PRODUITS PHARES

CIHUATÁN JADE, 40°, 70 CL

Voici un rhum vieilli puis filtré avec de la poudre de charbon actif qui lui a redonné sa transparence cristalline originelle. Il est destiné à l'univers du cocktail. Cihuatán Jade est un assemblage de différents rhums vieux élevés pendant un minimum de quatre ans dans d'anciens fûts de bourbon. Ce rhum du Salvador rend hommage à Chac Chel, déesse maya des arts.

Au nez : une invitation à un voyage doux sur des routes aux arômes épicés, de chocolat blanc, de crème pâtissière et de poivre blanc.

En bouche : une pause gustative douce et crémeuse agrémentée de notes de vanille et d'épices.

CIHUATÁN INDIGO 8 ANS, 40°, 70 CL

La couleur de sa bouteille bleu maya tape dans l'œil. Cette cuvée très accessible est un assemblage de différents rhums vieillis pendant au moins huit ans en fûts de chêne ayant contenu du bourbon. La bouteille a reçu en 2020 la médaille d'or de l'International Spirits Challenge Design.

Au nez : une expédition aromatique épicée avec des arômes de citronnelle, de cappuccino et de noisette.

MEXIQUE

UNE BALADE DANS LE PAYS

Avec sa richesse culturelle, son histoire fascinante et sa nature spectaculaire, le Mexique offre une variété d'expériences incroyables. Les sites archéologiques, tels que Chichén Itzá, Teotihuacán et Palenque, vous plongent au cœur des anciennes civilisations des Mayas et des Aztèques. Les villes coloniales comme Mexico, Oaxaca et Guanajuato séduisent par leur architecture pittoresque et leurs ruelles pavées, leurs marchés regorgeant d'objets traditionnels artistiques et artisanaux, tels que les célèbres alebrijes (sculptures aux couleurs vives), les textiles brodés et les poteries qui témoignent de la créativité et du savoir-faire du peuple mexicain.

Les plages de Cancún, Playa del Carmen et Tulum, qui bordent la mer des Caraïbes, offrent des eaux cristallines et des récifs coralliens parfaits pour la plongée. Les amateurs de nature peuvent explorer les magnifiques cascades de Hierve el Agua, les canyons de Copper Canyon ou les réserves naturelles de Sian Ka'an ainsi que la biosphère de Calakmul.

Côté gastronomie, les saveurs épicées de la cuisine mexicaine, comme les tacos, les tamales et le mole, sont un ravissement pour les papilles. Il faut partager la liesse des Mexicains lors des festivals colorés ou des traditions vibrantes, comme le jour des Morts, et s'immerger dans la culture vivante du pays. Le Mexique est une destination incontournable pour qui aime l'aventure, l'histoire et la nature.

LE MARCHÉ DU RHUM AU MEXIQUE

- **Le Mexique est l'un des plus gros producteurs de canne à sucre.** Sa production a démarré en 1519. Une grosse partie est utilisée pour le rhum.
- Ce pays d'Amérique latine ne produit pas que des spiritueux à base d'agave, la tequila et le mezcal. **Le rhum devient le produit de prédilection de producteurs artisanaux.** On en compte une centaine.
- **Beaucoup de producteurs sont localisés autour de la région de Oaxaca**, berceau du mezcal.
- Les trois États qui produisent le plus de canne à sucre sont **Veracruz, Jalisco et San Luis Potosí**.

CAP SUR SES PRODUCTEURS

PARANUBES :
UN RHUM 100 % ARTISANAL ÉLABORÉ AU PAYS DU MEZCAL

L'histoire de ce rhum mexicain ressemble à un conte de fées. Un surfeur et globe-trotteur, Judah Kuper, rencontre une infirmière mexicaine, Valentina Garcia, et en tombe amoureux.

Celle-ci a une famille productrice de mezcal. Judah Kuper monte rapidement la marque Mezcal Vago pour soutenir la communauté du village de sa famille et pour développer le spiritueux à base d'agave à l'export. Un carton ! Après avoir vendu la marque au distributeur américain Samson & Surrey, le jeune entrepreneur se met en quête à partir de 2015 d'un projet autour du rhum, toujours sur les terres mexicaines. Sur son chemin, au nord-est de Oaxaca, dans les montagnes de la Sierra Mazateca, il rencontre José Luis Carrera, producteur d'aguardiente depuis trente-cinq ans et trois générations, qui peine à survivre. C'est le coup de foudre pour le surfeur !

Aujourd'hui, le producteur peut se targuer de faire vivre sa famille et le village grâce aux ventes de son rhum Paranubes. Une vingtaine d'hectares de canne à sucre bio des terres de José Luis Carrera sont dédiés à la production de rhum. Quatre variétés y sont cultivées sur un sol fertile entre 1 000 et 2 000 mètres d'altitude : caña Criollo, caña Dulce, caña Duro et caña Morada, La caña Criollo est la canne à sucre la plus exploitée du fait de son meilleur rendement et de son profil aromatique plus riche. Le process de production de son rhum peut se comparer à celui du mezcal pour son côté très artisanal. La canne à sucre est récoltée à la main et transportée sur le dos d'un cheval. Elle est ensuite pressée le jour même à l'aide d'un petit moulin tandis que la fermentation est boostée par l'ajout d'écorces de mezquite (arbuste local) et de bagasse pendant une durée comprise entre vingt-quatre et quarante-huit heures. La fermentation fonctionne de manière roulante et dure quatre mois : la moitié de la cuve de fermentation est distillée toutes les quarante-huit heures et complétée de jus frais le jour J, à l'image de la méthode de vieillissement de la solera. La distillation est réalisée à partir d'un alambic hybride en cuivre, composé d'un bouilleur de 550 litres et de six plateaux chauffés à la bagasse. Paranubes est déjà réputée pour ses rhums monovariétaux sans réduction.

LES DEUX PRODUITS PHARES

PARANUBES BLANCO, 54°, 70 CL

Le best-seller de la maison ! Ce rhum blanc d'assemblage de différents lots a été distillé à 1 100 mètres d'altitude.

Au nez : des arômes qui sentent harmonieusement le jus de canne fraîchement coupée avec quelques notes de poivre.

En bouche : on découvre des saveurs très contrastées avec le nez (notes terreuses, d'olives noires, de poivre, de fruits exotiques et de canne fraîche). À déguster pur ou en cocktail sec.

PARANUBES MONOVARIETAL CAÑA MORADA, ÉDITION LIMITÉE, 54,4°, 70 CL

Cet étonnant rhum est réalisé uniquement à partir de canne à sucre bio caña Morada sans réduction ni vieillissement. Seules soixante bouteilles ont été lancées sur le marché.

Au nez : une immersion dans ce pays aride et ensoleillé qui embaume la fraîcheur de la canne à sucre.

En bouche : un rhum au profil léger et sec agrémenté de quelques notes d'épices.

- Tour du monde du rhum -

EN AVANT L'AMÉRIQUE DU SUD

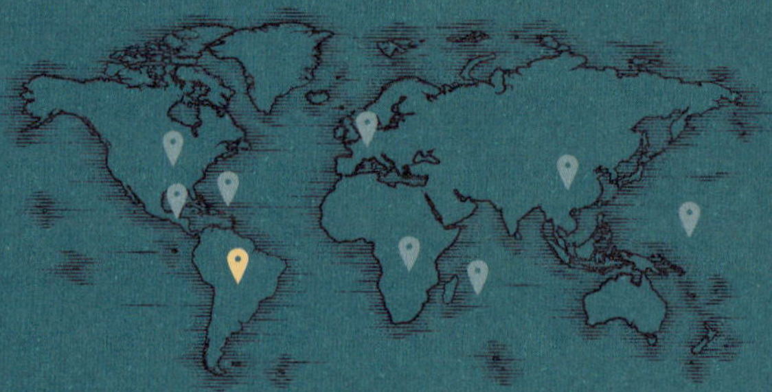

BRÉSIL

UNE BALADE DANS LE PAYS

Plus grand pays d'Amérique latine, le Brésil fut revendiqué en 1500 par le navigateur Pedro Álvares Cabral pour le Portugal, marquant le début de la colonisation. Le Brésil devient un important centre de production de sucre avec l'utilisation du travail forcé des esclaves africains.

En 1822, le pays obtient son indépendance et devient une monarchie. Connu pour son rythme de vie animé, sa passion pour le football et son carnaval coloré, il abrite des merveilles naturelles : l'Amazonie, le Pantanal et les chutes d'Iguaçu, parmi les plus spectaculaires au monde. Ses villes emblématiques sont Rio de Janeiro, avec sa silhouette de montagne, célèbre pour sa statue du Christ rédempteur et ses plages légendaires, São Paulo, un centre économique dynamique, ou encore Brasilia, la capitale conçue par Oscar Niemeyer, avec son architecture futuriste unique. Le patrimoine culturel du Brésil est riche, avec des influences autochtones, africaines et européennes se mêlant dans la cuisine, la musique et les arts. Les passionnés d'histoire peuvent explorer des sites coloniaux préservés comme Salvador de Bahia et Olinda, tandis que les amateurs de nature peuvent faire des randonnées dans la forêt atlantique. Le Brésil est une terre de contrastes qui ne laisse personne indifférent.

LE MARCHÉ DU RHUM AU BRÉSIL

- La cachaça est référencée officiellement comme **patrimoine historico-culturel de l'État de Rio de Janeiro** depuis 2012.
- **Elle est produite dans quatre zones géographiques :** São Paulo, Rio de Janeiro, Minas Gerais et le Nord-Est. Les meilleures cachaças artisanales sont distillées dans les États de Rio de Janeiro et du Minas Gerais.
- **Les producteurs fleurissent dans tout le pays.** On compte plus de 1 500 producteurs industriels et 15 000 petits producteurs artisanaux.
- **La cachaça vieillie est une tendance forte chez les producteurs.** Le vieillissement peut se réaliser dans 26 essences de bois brésiliennes.
- Un Brésilien boirait en moyenne **8 litres de cachaça par an**.

CAP SUR SES PRODUCTEURS

DISTILLERIE MAGNIFICA : TOUTE LA QUINTESSENCE DE LA CACHAÇA ARTISANALE

Derrière ce joli nom se cache un expert et une figure de la cachaça, Joao Luiz de Faria, qui avait pour objectif en 1985 de faire renaître les méthodes traditionnelles de production de la cachaça dans les montagnes de Rio de Janeiro (inspiré par ses visites de distilleries en Écosse et au Venezuela).

Il rachète un ranch de 450 hectares pour fonder sa distillerie à 800 mètres d'altitude à Fazenda do Anil, à deux heures de Rio de Janeiro. Cet entrepreneur cultive trois types de cachaças sur ses 15 hectares de terre. Cette âme avant-gardiste est le premier à utiliser un triple alambic pot still nommé Alegria pour travailler son distillat en petits lots au lieu de l'habituel alambic à colonne (le premier à utiliser la double distillation). La fermentation est réalisée dans des cuves ouvertes, elle est boostée par les levures indigènes. Autre point fort de ce distillateur : il dispose du plus grand système de vieillissement en méthode solera composé d'ex-fûts de bourbon et de fûts en bois d'ipé. Une vraie success-story pour cette cachaça *single estate* hautement aromatique !

LES DEUX PRODUITS PHARES

MAGNIFICA TRADITIONAL IPÉ, 40°, 70 CL

Belle introduction à l'univers de la cachaça. Cette cuvée a été distillée dans un triple alambic baptisé Alegria et a reposé pendant un an en fûts d'ipé. Cette courte maturation lui confère une légère coloration.

Au nez : une belle invitation dans un pays verdoyant, marquée par des notes végétales, fruitées et d'épices douces.

En bouche : une escapade sur des notes suaves, végétales de canne fraîche. Dépaysant !

MAGNIFICA RESERVA SOLERA, 40°, 70 CL

Autre facette du monde de la cachaça ! Cet alcool brésilien a été élevé en fûts de chêne selon la méthode solera avec un assemblage de rhums entre 3 et 15 ans.

Au nez : le nez est charmé par un panel raffiné d'arômes boisés, fruités et de vanille.

En bouche : le palais est agréablement surpris par ses notes torréfiées qui se prolongent sur des notes gourmandes d'épices douces, de fruits confits et d'agrumes.

COLOMBIE

UNE BALADE DANS LE PAYS

La Colombie est située dans l'extrême nord du continent sud-américain, elle doit son nom à son illustre découvreur, Christophe Colomb. Colonisée au XVIe siècle par les Espagnols, elle gagne son indépendance dans le sillage du mouvement de libération bolivarien en 1819. Son histoire contemporaine tumultueuse et violente s'est quelque peu calmée depuis les accords passés avec les guérilleros du FARC et le retour de la paix relance l'attrait touristique pour ce pays des plus intéressants. Le pays possède de nombreuses richesses naturelles, des volcans andins enneigés culminant à plus de 5 000 mètres à l'immensité verte de l'Amazonie, des plaines infinies de l'Est aux collines verdoyantes de la région du triangle du café entre Calcas, Quindio et Risaralda, du désert de La Guajira au sable blond des plages des Caraïbes. Des villes bien préservées comme Carthagène des Indes et Villa de Leyva offrent un aperçu du passé colonial du pays. Les sites archéologiques tels que la Cité perdue et les statues de San Agustín sont également des attractions incontournables, témoins d'un passé millénaire.

Le carnaval de Barranquilla, inscrit au patrimoine culturel immatériel de l'Unesco, accompagné de la musique locale, en particulier le vallenato et la cumbia, est très apprécié des Colombiens. La cuisine colombienne est variée, des plats traditionnels tels que l'arepa, la bandeja paisa, l'ajiaco et le sancocho permettent aux visiteurs de découvrir les saveurs uniques du pays.

LE MARCHÉ DU RHUM DE LA COLOMBIE

- **La distillation de l'alcool est sous le contrôle de l'État** dans tout le pays. Seul le vieillissement est autorisé.
- **La canne à sucre est majoritairement cultivée dans la vallée de Cauca** au sud-ouest du pays.
- **L'alcool le plus consommé en Colombie est l'aguardiente.** C'est la cousine du rhum, une liqueur anisée à base d'alcool de canne à sucre réalisée à partir de mélasse. Le rhum arrive en deuxième position.
- La plupart des rhums, essentiellement vieux, produits dans les **six distilleries du pays sont destinés à l'importation.**

CAP SUR SES PRODUCTEURS

LA HECHICERA : UN RHUM TOTALEMENT « ENCHANTEUR »

Ce rhum de Colombie risque de vous ensorceler le palais, comme son nom espagnol le laisse supposer (*Hechicera* se traduit par « enchanteresse »).

La Hechicera est la seule maison privée et familiale. Depuis trois générations, ce rhum est réalisé dans une bodega à Barranquilla, sous l'œil de la famille Riasco. Celle-ci a sélectionné la crème des rhums des Caraïbes, distillés en colonne, qui seront vieillis et assemblés sous un climat tropical. Orchestré par un grand maître assembleur, Giraldo Mituoka Kagana, le rhum La Hechicera est élevé dans des fûts de chêne blanc américain ayant servi à la maturation de whisky bourbon pendant quatre ans au minimum selon la méthode solera, avec des rhums ayant vieilli jusqu'à 21 ans. Les grandes différences de températures entre le jour et la nuit apportent une meilleure circulation entre le rhum et le bois. Depuis 2021, le groupe Pernod Ricard est entré au capital de l'entreprise colombienne.

LE PRODUIT PHARE

LA HECHICERA, 40°, 70 CL

Le best-seller de la maison familiale Riasco. Cette cuvée est un assemblage de rhums vieillis selon la méthode solera pendant douze à vingt et un ans dans des fûts de chêne américain. Cette méthode permet d'associer les rhums plus âgés à des rhums plus jeunes pour booster le profil aromatique.

Au nez : on est captivé par son parfum prononcé d'orange, de café et de caramel.

En bouche : ses saveurs à la fois douces et amères sont aussi gourmandes que ses arômes. Honneur au chocolat, à la cannelle, au café et au poivre.

LES DEUX PRODUITS PHARES

RHUM VIEUX COLOMA 8 ANS, 40°, 70 CL

Une excellente introduction pour comprendre l'univers de cette maison colombienne. Ce rhum de mélasse est vieilli pendant huit ans en ex-fûts de bourbon et affiné pendant trois mois en ex-fûts de liqueur de café.

Au nez : des arômes de café et de chocolat qui réveillent illico les narines.

En bouche : des saveurs onctueuses et gourmandes relevées d'une légère touche d'amande et d'amertume dévoilant la culture du terroir colombien.

RHUM VIEUX COLOMA 15 ANS, 40°, 70 CL

Une bonne trouvaille pensée par le duo féminin Sandra Reateguí et Judith Ramirez. Ce rhum vieux a été distillé à partir de mélasse de deux variétés de cannes et vieilli dans des fûts de chêne américain, utilisés seulement une fois pour vieillir du bourbon. Pour donner la touche Coloma, cette cuvée a été affinée pendant un minimum de cinq mois dans des fûts de chêne ex-liqueur de café. Et cerise sur le gâteau, ce rhum a été hydraté avec de l'eau de source provenant des volcans de la cordillère colombienne, puis filtré.

Au nez : une explosion d'arômes de vanille, de chocolat amer et de café.

En bouche : un moment de douceur agrémenté de saveurs de moka, de café et de fines notes boisées.

COLOMA : LA RENCONTRE DU RHUM ET DU CAFÉ

Pour certains producteurs, il a fallu passer par le chemin du café avant de prendre la route du rhum.

Parfait exemple avec Coloma, entreprise née en 1959 et basée en plein cœur d'une région caféière et plébiscitée par les amateurs de rhum de type hispanique. Son fondateur, Don Alberto Constain Medina, achète une imposante hacienda du XIXe siècle à Fusagasugá, à 1 700 mètres d'altitude. Son objectif : réaliser le meilleur du café. Pourtant, cet entrepreneur a un seul rêve dans sa vie : produire son propre rhum dans un pays où l'État a le monopole de la distillation. Seul le vieillissement est autorisé depuis 2005. Quelques années après sa mort, son fils Alberto Constain Cenzano exauce son vœu en faisant appel à Sandra Reateguí et Judith Ramirez, les deux meilleures *maestras roneras* colombiennes, pour créer d'abord une liqueur de café puis du rhum. Il faut savoir que le climat de la Colombie est propice aussi bien à la culture du café qu'au vieillissement du rhum, la part des anges ne s'élevant pas à plus de 5 %. Les rhums vieux de Coloma sont généralement vieillis entre huit et quinze ans dans des fûts de chêne américain et s'enrichissent d'un finish en fûts de chêne ayant précédemment accueilli de la liqueur de café maison.

GUYANA

UNE BALADE DANS LE PAYS

Le Guyana a été colonisé par les Britanniques au début du XVIIe siècle. Il faisait partie des colonies anglaises dans la région, ce qui en fait un des rares pays anglophones du coin. L'exploitation des cultures de canne à sucre, de coton et de café reposait sur le travail forcé des esclaves africains et, plus tard, des travailleurs indiens, ce qui a formé, avec les Amérindiens, une mosaïque culturelle très caribéenne.

Le pays recèle des trésors naturels impressionnants comme les magnifiques chutes d'eau de Kaieteur qui atterrissent 226 mètres plus bas dans un fracas assourdissant. Dans le Sud, les hauts plateaux forment un spectacle où l'espace naturel à perte de vue ramène à l'origine des temps.

Georgetown, la capitale qui borde la côte atlantique, réserve quelques belles surprises : l'un des plus longs ponts flottants au monde qui traverse le fleuve Demerara ; sa cathédrale Saint-George, datant de la fin du XIXe siècle, qui a pour particularité d'avoir la forme d'une croix latine. La ville compte aussi de nombreux bâtiments en bois datant de l'époque coloniale qui lui donnent une charmante atmosphère d'antan.

LE MARCHÉ DU RHUM AU GUYANA

- Colonisé d'abord par les Hollandais au XVIIe siècle, ce petit pays s'ouvre au sucre et au rhum au moment de l'arrivée des Britanniques au début du XIXe siècle. **Environ trois cents domaines sucriers et distilleries fleurissent à travers la Guyane britannique**, qui devient l'un des plus gros importateurs de sucre (Demerara Sugar).
- **Sous influence britannique, le type de rhum produit au Guyana ressemble plus au style anglo-saxon qu'au style hispanique.** Ce sont majoritairement des assemblages de rhums distillés en pot still et de rhums distillés en colonne qui donnent des jus bien musclés. Les rhums lourds étaient destinés majoritairement aux marins de la Royal Navy.
- **Après la crise du sucre, la prohibition et les deux guerres mondiales**, le paysage du rhum a aujourd'hui bien changé : seule une distillerie est encore en activité, Diamond Distillery, dans le giron de Demerara Distillers, gros producteur de rhum en vrac. Celle-ci a racheté les alambics des distilleries du Guyana qui ont fermé leurs portes au fil des années. Des trésors de technologie.

CAP SUR SES PRODUCTEURS

EL DORADO : UNE DISTILLERIE QUI FAIT BATTRE LE CŒUR DES FÉRUS DE RHUM

Créée en 1992, El Dorado est l'unique marque de Diamond Distillery, propriété de Demerara Distillers installée en bordure du célèbre fleuve Demerara.

El Dorado est l'une des maisons des Caraïbes les plus vénérées par les geeks du rhum. Vous allez comprendre tout de suite pourquoi : la marque du Guyana réunit une belle collection de rhums de mélasse réalisés à partir de différents alambics de célèbres distilleries fantômes du pays rachetées par Demerara Distillers : un double pot still avec Port Mourant, un alambic Savalle à quatre colonnes pour Uitvlugt, un alambic à repasse avec cuve en bois pour Versailles, un alambic simple et une double colonne Coffey en bois avec Enmore. Bref, que du lourd ! La marque propose intelligemment une gamme permanente de 3 à 25 ans à des prix accessibles et des rhums *single mark* (des styles de rhums provenant d'un alambic mythique) mentionnés sur l'étiquette. Des cuvées très cotées !

LES DEUX PRODUITS PHARES

EL DORADO 15 ANS, 43°, 70 CL

Récompensé à plusieurs reprises, ce rhum traditionnel très élégant est la référence phare. El Dorado 15 ans est un assemblage de rhums réalisés en alambic à colonnes en bois coffey still d'Enmore, en alambic traditionnel double en bois de Port Mourant et en alambic traditionnel simple en bois de Versailles.

Au nez : on est épaté par son combo d'arômes de fruits secs et de vanille avec une belle touche de toffee.

En bouche : une agréable surprise que ce rhum raffiné qui dévoile des saveurs de fruits exotiques, d'épices douces et de bois.

EL DORADO SINGLE STILL PORT MOURANT 2009, 40°, 70 CL

Attention, collector ! Flash-back sur l'histoire de la célèbre distillerie du Guyana, Port Mourant, qui a fermé ses portes en 1955. Construit en 1732 sur le domaine de Port Mourant, son alambic double pot still en bois a ensuite été transféré sur le domaine d'Uitvlugt après sa fermeture, puis sur le domaine de Diamond en 2000. C'est le seul type d'alambic encore exploité aujourd'hui. Le rhum El Dorado Single Still Port Mourant est distillé en petits lots avec cet alambic vedette et élevé en fûts de chêne pendant douze ans.

Au nez : on est captivé par ses notes d'esters fruités et tourbés.

En bouche : on craque pour son bouquet aromatique complexe mais gourmand dévoilant des notes de pommes cuites, de vanille, de cannelle, de banane flambée et de coco associées à des touches d'arômes tourbés.

PÉROU

UNE BALADE DANS LE PAYS

Voisin du Chili au sud et de l'Équateur au nord, le Pérou est un pays renommé pour sa riche histoire qui remonte à plus de douze mille ans, avec les premières civilisations comme celle de Caral, l'une des plus anciennes au monde. Vers 1438, l'Empire inca émergea et prospéra jusqu'à l'arrivée des Espagnols menés par Francisco Pizarro en 1532. La colonisation espagnole a profondément marqué le pays pendant près de trois siècles jusqu'à l'indépendance en 1821. Le pays abrite des trésors archéologiques tels que Machu Picchu, une cité inca perchée dans les montagnes, et les lignes de Nazca, d'énigmatiques géoglyphes tracés dans le désert.

La vallée sacrée des Incas offre des sites historiques fascinants et des paysages à couper le souffle. Le lac Titicaca, le plus haut lac navigable du monde, est réputé pour ses îles flottantes habitées par les Uros. L'Amazonie péruvienne abrite une biodiversité incroyable et offre la possibilité d'explorer la jungle. Les sommets enneigés de la cordillère des Andes, comme le parc national de Huascarán, attirent les amateurs de trekking. Arequipa, la « cité blanche », séduit par son architecture coloniale et la présence proche du Misti, un volcan imposant. Autre curiosité, le canyon de Colca est l'un des plus profonds du monde, on peut y observer les majestueux condors en vol. Lima, la capitale du Pérou, est une métropole animée avec un mélange de traditions péruviennes et d'influences modernes, c'est une scène gastronomique réputée.

LE MARCHÉ DU RHUM DU PÉROU

- **Première chose à connaître dans le monde du rhum péruvien :** la plupart des distilleries produisent des rhums de mélasse selon la fameuse méthode de vieillissement solera de type hispanique.
- **Une distillerie fait exception à la règle :** la Destileria Andina, fondée en 2012, distille son rhum à partir de pur jus de canne à sucre récoltée dans les montagnes.
- La production de canne à sucre se localise sur la côte nord du pays.
- **Le premier rhum péruvien, Cartavio, a vu le jour en 1929.** Son succès perdure aujourd'hui.

LES DEUX PRODUITS PHARES

MILLONARIO SOLERA 15, 40°, 70 CL

Comme son nom l'indique, ce rhum Millonario est vieilli selon la méthode solera sur quatre niveaux pour allier différents types de vieillissement. La bouteille est très célèbre. Son habillage de paille tressée est utilisé pour fabriquer des panamas.

Au nez : une ode à la gourmandise avec ses arômes de pruneau, de caramel au beurre salé et de noisette.

En bouche : une très belle longueur de saveurs gourmandes et intenses avec une légère note d'épices.

RHUM VIEUX MILLONARIO XO, 40°, 70 CL

Ce rhum vieux XO fait partie des trésors de saveurs de la maison. Celui-ci a été distillé dans de vieux alambics écossais à colonne. C'est un assemblage issu de mélasse et de miel de canne péruvien qui a suivi les méthodes traditionnelles de vieillissement en solera.

Au nez : les amateurs de rhums gourmands suivront à la trace ses arômes doux de banane séchée, de toffee, de caramel au beurre.

En bouche : les palais gourmets et gourmands craqueront pour ses notes persistantes de chocolat au lait, de café froid, de vanille, d'épices, le tout légèrement boisé.

CAP SUR SES PRODUCTEURS

MILLONARIO :
UN RHUM PAS QUE POUR LES MILLIARDAIRES

Vous avez sûrement remarqué ses bouteilles habillées de paille tressée à la main chez votre caviste.

Derrière ce packaging qui fleure bon l'artisanat latino se cache une belle histoire. Celle de la famille Piera de Castillo qui achète en 1922 une hacienda sucrière à Chiclayo, dans le nord du Pérou, et lance en 1938 l'activité de distillation, sous l'impulsion du fils Augusto revenu d'Écosse avec une colonne en cuivre. Les premiers rhums de mélasse de canne à sucre issue de terre volcanique sont lancés en 1950, destinés à une élite. Le rhum est vite baptisé « *por los millonarios* ». La qualité du rhum a séduit Fabio Rosi, à la tête de la société d'embouteillage indépendante Rum Nation. En 2005, celui-ci rachète la distillerie avec le groupe italien Bari. Les rhums Millonario sont désormais produits dans la distillerie Prolisa S.A., à 900 kilomètres de Lima, et ont été récompensés dès 2008 dans de grands concours internationaux.

VENEZUELA

UNE BALADE DANS LE PAYS

Pays le plus au nord du continent sud-américain, bordé par la mer des Caraïbes et entouré par la Colombie et le Guyana, le Venezuela doit son indépendance au fameux héros libérateur Símon Bolívar qui en chassa les Espagnols au début du XIXe siècle. L'instabilité politique et financière tient un peu le touriste à distance malgré les trésors que le pays recèle, à commencer par les îles de Los Roques, magnifique archipel paradisiaque avec ses eaux cristallines, ses récifs coralliens et sa faune marine exceptionnelle. Au nord-ouest s'étend la cordillère des Andes, avec la ville coloniale de Mérida, point de départ des visites du parc national Sierra Nevada. Au pied de ses contreforts, l'un des plus grands fleuves d'Amérique du Sud, le majestueux Orénoque, amène à la région andine culminant à 5 007 mètres d'altitude avec le Pico Bolívar. Plus au sud, dans le parc national de Canaima, la plus haute chute du monde, le Salto Ángel, offre un spectacle naturel époustouflant. La gastronomie vénézuélienne vaut le détour avec des plats tels que l'arepa, ancêtre du hamburger, ou le pabellón, mélange des trois grandes cultures vénézuéliennes (européenne, indigène et africaine), sans oublier les cachitos, sortes de croissants fourrés au jambon, un délice !

LE MARCHÉ DU RHUM DU VENEZUELA

- **Le Venezuela est un vrai poids lourd dans le monde du rhum :** il réunit de gros producteurs très connus sur le plan international.
- Depuis 2003, le rhum du Venezuela est régi par l'appellation « ron de Venezuela », encadrée par la *denominación de origen controlada* (DOC). Le cahier des charges demande à suivre certaines règles, dont un vieillissement minimum de deux ans en fûts de chêne blanc et une production faite au Venezuela à base de miel ou de mélasse de canne à sucre produits dans des zones géographiques précises. **Le taux d'alcool est fixé entre 40 et 50 %.**
- **« Aguardiente » et « ron » sont ici des termes bien distinctifs :** le ron est un rhum vieux alors que l'aguardiente est une liqueur anisée à base de canne à sucre.

CAP SUR SES PRODUCTEURS

DIPLOMÁTICO : L'AMBASSADEUR DU RON DU VENEZUELA

Devrait-on encore présenter sous toutes les coutures Diplomático, la marque qui a révolutionné l'univers du rhum en France et dans le monde ?

Aujourd'hui, ce rhum au profil rond et suave est distribué dans plus de 100 pays et fait l'objet de nombreux débats. Quelques lignes pour rappeler l'histoire de ce mastodonte du rhum paraissent toujours indispensables. La distillerie Destilerias Unidas S.A. (la DUSA) est née en 1959 à Barquisimeto, au pied de la cordillère des Andes. C'est à partir de 2002 que la maison vénézuélienne a explosé aux quatre coins de la planète avec son rachat par un groupe d'investisseurs locaux. La distillerie Destilerias Unidas S.A. se positionne comme un important poids économique dans le pays puisqu'elle embauche plus de 700 employés. Côté production, l'entreprise travaille avec des cannes à sucre locales transformées en mélasse ou en miel selon un type de rhum aromatique ou léger. Trois méthodes de distillation sont réalisées au sein du site de production : alambic à colonne, pot still à retors ou hybride. Les distillats sont assemblés après vieillissement d'un minimum de deux ans en fûts de chêne, sous l'œil averti du maître de chai Tito Cordero, une pointure internationale en la matière. Un petit mot concernant l'étiquette. Celle-ci a contribué également à son succès : le portrait dessiné est celui de Don Juancho Nieto Melendez, un noble du XIXe siècle passionné de spiritueux. On ne sera pas étonné de savoir que le chai de Barquisimeto réunit 250 000 fûts. Il s'agit de l'un des plus grands stocks de rhum d'Amérique latine et du monde. On y trouve une grande diversité de fûts de chêne américain, français et de xérès. Diplomático regroupe aujourd'hui trois gammes : la gamme traditionnelle, la gamme prestige ainsi que la Distillery Collection.

LES DEUX PRODUITS PHARES

RHUM VIEUX DIPLOMÁTICO RESERVA EXCLUSIVA, 40°, 70 CL

C'est la cuvée iconique de la marque vénézuélienne, célèbre aux quatre coins de la planète. Ce grand classique du rhum est un assemblage de rhums issus de miel de canne et de mélasse distillés dans d'anciens alambics en cuivre avant d'être vieillis en ex-fûts de bourbon.

Au nez : des odeurs qui rappellent l'univers de la pâtisserie autour de la tarte aux noix, des fruits cuits, du caramel et de la vanille.

En bouche : des notes de cake aux fruits, de raisins secs, de cacao, de cannelle et de clou de girofle.

DIPLOMÁTICO SELECCIÓN DE FAMILIA, 43°, 70 CL

Cette célèbre cuvée démontre le savoir-faire des deux *maestros roneros* de la maison, Tito Cordero et Nelson Hernandez. Ce rhum est un assemblage de rhums de miel de canne principalement (90 %) et de mélasse. Celui-ci a été distillé en alambic en cuivre et en batch kettle. Le batch kettle est une méthode de distillation semi-artisanale et discontinue. Les rhums ont ensuite été maturés en ex-fûts de bourbon et de xérès.

Au nez : les amateurs de pâtisseries apprécieront ses arômes de miel de canne, de fruits rouges, de vanille, et un léger parfum boisé.

En bouche : ce rhum respire la gourmandise avec ses notes vives de vanille, de caramel, de fruits rouges et de chêne.

SANTA TERESA :
L'INSTITUTION DU RON DU VENEZUELA

La première distillerie du Venezuela est un passage obligatoire si vous faites une escale dans ce pays d'Amérique latine, d'abord pour sa situation géographique et son incroyable environnement.

La distillerie est installée dans la vallée d'Aragua, terre fertile pour la culture de la canne à sucre. Les deux routes en direction de la distillerie sont bordées de palmiers XXL appelés « chaguaramos » et forment « la croix d'Aragua », lieu emblématique du pays.

Fondée en 1796 par le comte Martin Tovar Ponte, l'hacienda Santa Teresa est d'abord une terre de culture du cacao, du café et de la canne à sucre. En 1826, le jeune marchand Gustav Julius Vollmer rachète le domaine sucrier et épouse l'héritière du domaine. Leur fils fait couler le premier rhum et le ron Santa Teresa est enregistré comme le premier rhum du Venezuela. Aujourd'hui, l'entreprise familiale gérée par la cinquième génération de Vollmer est devenue une importante structure parfaitement organisée et produit son rhum de mélasse premium de la matière première à l'embouteillage. On parle de *single estate rum*. La canne à sucre est récoltée de novembre à mai sur ses propres terres, dans la vallée d'Aragua, puis envoyée dans une sucrerie où est faite la mélasse. La fermentation est élaborée de deux façons : soit en continu pendant quinze heures, soit en discontinu pendant deux à quatre semaines. La distillation et le vieillissement sont des étapes essentielles chez Santa Teresa. Trois types de rhums sont réalisés pendant la distillation : du rhum léger et du rhum lourd en colonne, et du rhum pot still. Ensuite, les distillats sont vieillis séparément de manière statique avant d'effectuer la méthode solera. Santa Teresa a été la première distillerie à utiliser ce processus de mélange de rhums vieux et jeunes avec un système d'empilement sur quatre étages. L'élevage dure entre quatre et trente-cinq ans. Santa Teresa est très engagée dans les actions sociales comme le projet Alcatraz, un programme de réinsertion d'anciens membres de gangs.

LE PRODUIT PHARE

SANTA TERESA 1796

Ce joyau sorti en 1996 célèbre les 200 ans de l'hacienda. Santa Teresa 1796 est le fruit d'un assemblage de rhums distillés en pot still et en colonne, vieilli en solera jusqu'à trente-cinq ans. Chaque bouteille est scellée à la main par de la cire rouge comme une goutte de sang symbolisant l'adversité.

Au nez : on savoure ses arômes fins et complexes tendant vers le miel, le cacao, la vanille et le tabac.

En bouche : on se délecte de sa texture riche et onctueuse et de son bouquet aromatique porté sur les fruits tropicaux, la noix de coco, le café et le chêne, tout en subtilité.

L'INTERVIEW

ORIGINAL PRODUCT

BENJAMIN NOLF

***Brand ambassador* France de Santa Teresa**

RACONTE-NOUS EN QUELQUES LIGNES TON PARCOURS AVANT DE DEVENIR LE *BRAND AMBASSADOR* FRANCE DE SANTA TERESA.

J'ai un parcours hôtelier plutôt classique. J'ai passé un BEP et un bac pro, puis une MC barman à Orchies, près de Lille. Je suis parti à Paris pour mon premier emploi au Plaza Athénée en tant que commis de bar. Après plusieurs évolutions et deux ans au Plaza, j'ai fait quelques ouvertures, comme le restaurant festif La Villa (maintenant Boum Boum, avenue de Friedland). J'ai ensuite fait une pause pour partir en saison à Méribel où j'ai fait l'ouverture du Kaïla en tant qu'assistant chef bar aux côtés de grandes figures du cocktail. J'ai continué la saison à Saint-Tropez. Je suis ensuite revenu à Paris pour reprendre le management du Jefrey's, rue Saint-Sauveur, où j'ai pu m'amuser sur une sélection de spiritueux pointus et créer des menus qui ont marqué le lieu et sa clientèle (Pop Culture, Less is More). Depuis 2020, je suis *brand ambassador* France pour le rhum Santa Teresa 1796.

TON INTÉRÊT POUR LE RHUM EST NÉ À TRAVERS LE MONDE DU COCKTAIL ?

Je suis un amateur de bons spiritueux avant tout. J'ai cependant une forte attirance pour les whiskys, le cognac, le mezcal et bien sûr le rhum ! Pour l'anecdote, et j'aime à croire que rien n'arrive par hasard, quand j'ai fait l'ouverture de La Villa après mon passage au Plaza, je ne connaissais que très peu la catégorie des rhums. Il se trouve qu'il y avait sur les étagères une bouteille de Santa Teresa 1796. J'ai donc commencé à découvrir et à apprécier le rhum via cette marque. C'est plutôt amusant, dix ans plus tard, d'avoir l'opportunité de la représenter.

LE RHUM VÉNÉZUÉLIEN A CONTRIBUÉ À DÉMOCRATISER LE MONDE DU RHUM. POURQUOI CETTE EFFERVESCENCE AUTOUR DE CETTE ORIGINE ?

Oui, c'est vrai ! Certaines marques de rhum vénézuéliennes ont ouvert une porte à de nouveaux consommateurs. Leur côté sucré et accessible permet de découvrir facilement la catégorie et de commencer à éduquer son palais. Avec Santa Teresa 1796, nous avons choisi de faire l'inverse de cette tendance en proposant un produit authentique issu du terroir vénézuélien, remarquablement sec. C'est une opportunité pour nous de nous démarquer par la dégustation et de plaire tant aux amateurs de rhum qu'à ces nouveaux consommateurs qui souhaitent développer leurs goûts vers plus de complexité.

VOIS-TU UNE ÉVOLUTION DES CONNAISSANCES DES CONSOMMATEURS SUR LES CATÉGORIES DE RHUMS ET LA TECHNIQUE DEPUIS TES DÉBUTS DE *BRAND AMBASSADOR* ?

L'amateur de spiritueux, et le consommateur en général, ne veut plus se faire avoir. Il s'informe, il se documente et n'hésite plus à fréquenter des salons spécialisés ou des bars où il peut récolter des conseils auprès des professionnels. C'est pourquoi de plus en plus de marques exploitent au maximum le packaging et les étiquettes pour partager un maximum d'informations (âge, récolte, distillations, vieillissement, lot, etc.).

À l'heure actuelle, c'est l'un des aspects à améliorer pour Santa Teresa 1796. C'est pourquoi ma présence est essentielle pour communiquer aux professionnels toutes les bonnes informations. Nous prévoyons également de faire évoluer nos étiquettes dans un avenir proche afin de respecter l'image premium et la qualité du produit. Cela nous permettra de partager avec un plus grand nombre les détails qui font de Santa Teresa 1796 un rhum exceptionnel.

QU'EST-CE QUI DISTINGUE SANTA TERESA DES AUTRES RHUMS VÉNÉZUÉLIENS ? LE VIEILLISSEMENT EN SOLERA ?

Tout d'abord, son côté sec et en même temps doux et parfaitement équilibré. En effet, notre méthode solera traditionnelle nous permet d'avoir ce résultat. En 1992, quand nous avons commencé à préparer la cuvée 1796 à l'occasion du bicentenaire de l'hacienda, nous avons été pionniers dans le monde du rhum en adaptant cette méthode espagnole. Nous respectons scrupuleusement la philosophie de la solera, à savoir quatre étages (dont trois criaderas), et aucun des fûts n'est jamais entièrement vidé. Cette technique permet à nos différents lots de se marier et de continuer à se perfectionner afin d'obtenir un résultat final entièrement naturel et une régularité de goût, de couleur et de caractère au fil des années.

VOUS AVEZ MIS EN PLACE LE PROJET ALCATRAZ DESTINÉ À LA RÉINSERTION DE DÉLINQUANTS DANS LA SOCIÉTÉ. PEUX-TU NOUS EN DIRE PLUS ? COMMENT AVANCE CE PROJET ?

Santa Teresa a traversé nombre d'épreuves depuis 1796, année de sa création. Le pays, la famille et l'hacienda ont surmonté les guerres, les invasions, les dictatures et autres crises financières. Ces difficultés ont engendré la pauvreté, qui à son tour a alimenté la violence et favorisé l'émergence de gangs criminels. En 2003, trois individus se sont introduits dans l'hacienda dans le but de voler des armes. Alberto Vollmer, dirigeant et cinquième génération de la famille, a choisi d'agir en leur proposant de travailler pour Santa Teresa afin de réparer leur faute.

À la suite de ces trois criminels, tout le gang a suivi, puis le gang adverse avec lequel ils étaient en guerre territoriale. C'est ainsi que le projet Alcatraz est né. La pratique du rugby est utilisée pour leur réinsertion comme un moyen de transmettre des valeurs telles que l'humilité, le courage et l'esprit d'équipe. Vingt ans après le lancement du projet Alcatraz, on compte 11 gangs recrutés, une diminution de 90 % du taux de criminalité, plus de 250 jeunes hommes réinsérés pleinement dans la société, et plus de 70 % des prisons vénézuéliennes ayant adopté les valeurs du projet Alcatraz. Nous sommes présents dans 23 centres pénitentiaires pour hommes et 14 pour femmes. C'est une immense fierté pour nous de voir ces femmes et ces hommes avoir le courage de changer leur vie et d'améliorer leur quotidien.

AVEZ-VOUS L'AMBITION DE METTRE EN PLACE UNE STRATÉGIE DE SPIRITOURISME DANS LES PROCHAINES ANNÉES ?

Santa Teresa propose déjà une expérience de découverte de la région et de visite de l'hacienda à destination des touristes. Si vous avez la chance de voyager au Venezuela, l'hacienda se situe à une heure et demie de Caracas. Passez nous voir ! De mon côté, je vais en 2023 et 2024 commencer à inviter certains clients à voyager au Venezuela afin de vivre en immersion l'expérience Santa Teresa 1796.

QUELS SONT LES PROJETS DE SANTA TERESA ?

Nous avons lancé en 2023 un tout nouveau programme: Cane & Grain. En collaboration avec ma collègue Sophie Rouillard, *brand ambassador* Malts (Aberfeldy, Craigellachie, Royal Brackla, Dewars), nous proposons aux consommateurs une expérience de dégustation à l'aveugle de différents whiskys et rhums. L'objectif est de s'affranchir des informations que la bouteille, la couleur ou l'étiquette peuvent transmettre, afin d'avoir une vision aussi objective que possible. Ils peuvent également découvrir les différences et les similitudes entre ces deux catégories. Nous allons aussi proposer chaque année une édition limitée du Santa Teresa 1796 avec un vieillissement supplémentaire. La première sera présentée au Whisky Live 2023 à Paris. Il y a encore d'autres choses très sympas à venir…

TON COCKTAIL PRÉFÉRÉ À BASE DE SANTA TERESA ?

Tout dépendra du moment et de mon état d'esprit. Mais pour l'apéritif ou si j'ai envie de quelque chose de léger, j'opterais pour un cojonudo : 50 millilitres de Santa Teresa 1796, 50 millilitres d'eau gazeuse et un beau zeste d'orange dans un verre rocks rempli de glace. Sinon, bien entouré, avec des ami·e·s, le très apprécié old fashioned est toujours un bon choix : 10 millilitres de sirop de sucre muscovado (ou sirop de sucre), 2-3 gouttes de bitters cacao et 70 millilitres de Santa Teresa 1796 dans un verre rocks décoré d'un beau zeste d'orange, le tout accompagné d'un morceau de chocolat noir à 72 %. Je suis sûr de passer un bon moment. L'avantage du Santa Teresa 1796, c'est qu'il a assez de puissance et de caractère pour supporter d'être utilisé dans des cocktails comme le daiquiri, le negroni, le manhattan, le jungle bird, le mint julep, etc.

TON BAR PRÉFÉRÉ POUR BOIRE UN RHUM À BASE DE SANTA TERESA (EN FRANCE OU À L'ÉTRANGER) ?

Je n'aurai pas assez de temps pour tous les citer. Pour Paris, je dirais le bar de l'hôtel Monte Cristo, le 1802, ou le Gravity. À l'étranger, je reste un amoureux de New York. Je ne peux que conseiller The Dead Rabbit, avec son ambiance irlandaise incroyable, ou Dante West Village et son quartier résidentiel super charmant.

– TOUR DU MONDE DU RHUM –

UN PLONGEON DANS L'OCÉAN INDIEN

LA RÉUNION

UNE BALADE DANS LE PAYS

L'île de La Réunion, située entre Madagascar et l'île Maurice, est riche de ses contrastes géographiques et naturels. À commencer par le spectaculaire piton de la Fournaise, l'un des volcans les plus actifs au monde, ou le cirque de Salazie, avec ses cascades, dont la vue depuis la plus belle d'entre elles, baptisée « voile de la mariée », est à couper le souffle ! La Réunion possède aussi de magnifiques plages, en particulier celle de l'Hermitage, située dans la région de Saint-Gilles-les-Bains, dont les eaux cristallines et peu profondes et le sable blanc sont un ravissement pour les yeux.

Saint-Pierre est l'une des plus belles villes de La Réunion avec son architecture coloniale, son hôtel de ville (un ancien entrepôt de café transformé) son marché tout en couleur et en saveur, sans oublier le superbe jardin botanique du Café grillé. S'il ne reste que deux usines en fonctionnement sur les deux cents actives au XIXe siècle, La Réunion reste aujourd'hui la première région européenne productrice de sucre de canne. Façonnée par son histoire sucrière, La Réunion a su tirer profit de son parcours et de son métissage pour devenir aujourd'hui une société ouverte et tolérante, véritable modèle de vivre ensemble, riche de cultures et de traditions.

LE MARCHÉ DU RHUM DE LA RÉUNION

- **L'île de La Réunion réunit trois grandes distilleries** – la maison Isautier à Saint-Pierre, Savanna à Saint-André, et Rivière du Mât à Saint-Benoit – **et deux sucreries en activité** – Bois-Rouge et le Gol.
- La production de rhum est principalement dédiée au **rhum traditionnel** réalisé à partir de mélasse, qui était commun à tous les DOM jusqu'en 1960.
- **Le rhum de La Réunion est protégé par l'indication géographique (IG) depuis 2015**, ce qui garantit sa qualité et son authenticité et valorise la production réunionnaise. Les distilleries doivent obligatoirement sourcer la canne et la mélasse localement.
- **La canne à sucre pousse sur toute l'île** au niveau des côtes balnéaires et des contreforts parfois escarpés.
- **Le rhum réunionnais représente 12,4 % de parts de marché en France** (contre 42 % pour le rhum antillais).
- **Le rhum et les rhums arrangés sont la troisième source de revenus sur l'île.** Le secteur du rhum compte 190 emplois directs.

CAP SUR LES PRODUCTEURS

RIVIÈRE DU MÂT:
UNE DISTILLERIE ÉCO-RESPONSABLE

Fondée en 1886, la distillerie la plus grande de l'île est connue pour son rhum mais aussi pour son nom exotique emprunté à la légende d'un navire explorateur qui échoua dans le lit d'une rivière de l'île.

Seuls les mâts étaient restés visibles. Aujourd'hui, la distillerie Rivière du Mât, rachetée par le groupe La Martiniquaise en 2012, a préservé son âme d'aventurier. Elle produit essentiellement des rhums de mélasse, mais aussi des rhums de jus de canne à sucre. La modernisation des outils de production a apporté un nouveau souffle à la distillerie réunionnaise avec un focus sur le vieillissement. Elle travaille de manière engagée pour le bien-être de l'écosystème. Elle est la seule distillerie réunionnaise à fonctionner en énergie renouvelable, le biogaz, obtenu par les déchets de la distillation grâce au procédé de méthanisation. Son objectif : développer une économie circulaire.

LES DEUX PRODUITS PHARES

RIVIÈRE DU MÂT GRANDE RÉSERVE, 40°, 70 CL

Un rhum vieux incontournable dans la gamme de prestige. Rivière du Mât Grande Réserve est un rhum vieux traditionnel réalisé à partir de mélasse, distillé en colonne et vieilli sous un climat tropical pendant un minimum de cinq ans en fûts de chêne dans les chais de la maison, à Saint-Louis, au sud-ouest de l'île.

Au nez : on est charmé par ses arômes de fruits frais, de tabac blond et d'épices.

En bouche : même effet de séduction avec son élégant bouquet d'arômes de fruits secs, de miel et d'épices.

RIVIERE DU MAT CUVÉE 1886, 43°, 70 CL

Amateur de rhum raffiné, cette cuvée vous est destinée. Celle-ci rend hommage à l'année de naissance de la distillerie. Elle est le fruit d'un assemblage de 3 beaux millésimes : 2003, 2004 et 2006.

Au nez : les narines sont réveillées par des notes d'épices douces, de bois exotique et d'ambre gris. Un bouquet de saveurs à la fois.

En bouche : un bouquet de saveurs à la fois gourmandes, suaves, alliant fruits exotiques, poivre gris et piment.

ISAUTIER : UNE DISTILLERIE FAMILIALE QUI EXPRIME LE SAVOIR-FAIRE RÉUNIONNAIS

Véritable faire-valoir de la culture réunionnaise, Isautier, installée au sud de l'île, est la plus ancienne distillerie familiale de l'île, fondée en 1845 par deux esprits innovateurs, Louis et Charles Isautier.

Cent soixante-dix-huit années plus tard, l'entreprise est restée indépendante et dans le giron familial. Aux manettes, Cyril Isautier, qui conserve le savoir-faire de la maison sur la production de rhum traditionnel de sucrerie (à partir de mélasse) et agricole (à partir de pur jus de canne à sucre) dans le respect de l'indication géographique « rhum de La Réunion ». C'est l'une des seules distilleries au monde à être capable de distiller les deux styles de rhums avec des cuvées assemblant mélasse et jus de canne. Aujourd'hui, le volume annuel dépasse les 10 000 hectolitres d'alcool pur (HLAP). Isautier exploite les mélasses et les jus de canne de deux sucreries de l'île, celles de Bois-Rouge et du Gol, qui fermentent entre vingt-quatre heures pour les premiers et trente-six heures pour les seconds. Le vin de canne obtenu titrant entre 8 et 10° est distillé en alambic à colonne utilisé aussi bien pour les rhums de mélasse que les rhums agricoles. Côté vieillissement, le chai réunit 470 fûts de chêne français à grains fins et chauffes douces. Il est orchestré par l'œnologue Mathieu Cosse, qui est doté d'une belle expérience dans le monde du vin en France. Le chai est actuellement en pleine phase de restructuration pour passer de fûts de chêne ex-cognac à des fûts ex-rhum Isautier de 350 litres. La maison Isautier est reconnue sur la scène du rhum pour sa gamme de rhums arrangés. Elle collabore avec des producteurs de fruits et d'épices locaux pour mettre sous les projecteurs le meilleur des saveurs de La Réunion. En quête constante d'innovation, l'œnologue vient de lancer aux côtés du maître de chai Marie Ferrand une nouvelle gamme de rhums vieux avec une vraie typicité.

LES DEUX PRODUITS PHARES

RHUM VIEUX 5 ANS ISAUTIER, 40°, 70 CL

Ce rhum vieux reflète la tradition du rhum réunionnais. Celui-ci est le fruit d'un assemblage de rhums traditionnels de sucrerie et de rhums agricoles après un processus de vieillissement bien précis : un élevage en fûts neufs pendant huit à quatorze mois, puis un vieillissement en fûts roux pendant quatre ans.

Au nez : un tourbillon d'arômes qui met en lumière le terroir de La Réunion – canne à sucre, fruits exotiques, vanille et bois.

En bouche : le périple exotique continue sur des notes élégantes et harmonieuses de vanille, de bois, d'agrumes et d'épices.

AGENT DOUBLE 02 ISAUTIER, 55°, 70 CL

L'une des dernières innovations de la maison. Ce rhum blanc de dégustation est un assemblage de 65 % de rhum agricole et 35 % de rhum traditionnel de sucrerie. Distillés en 2021 et sélectionnés en brut de fût à 89° pour le rhum traditionnel et à 71,1° pour le rhum agricole, les deux jus sont assemblés avant d'être réduits à 55° pour obtenir le profil aromatique recherché.

Au nez : un parfum incroyablement puissant de canne fraîchement coupée.

En bouche : de belles longueurs et rondeurs de canne fraîche et de mélasse.

LES DEUX PRODUITS PHARES

LE RHUM BLANC SAVANNA LONTAN, 57,50°, 70 CL

Une cuvée pour comprendre toute l'expertise de la maison. *Lontan* signifie, en créole réunionnais, « longtemps ». Ce rhum blanc de mélasse est un rhum grand arôme, un rhum high ester unique au monde qui dévoile une belle puissance aromatique. Il a fermenté longuement pendant sept jours et a été distillé dans un alambic à colonne en cuivre.

Au nez : les narines sont hypnotisées par ses arômes étonnamment complexes, entre olive, ananas et embruns.

En bouche : même coup de cœur pour ses saveurs rondes et prononcées de fruits exotiques, végétales et iodées.

LE RHUM VIEUX SAVANNA LE MUST, 45°, 70 CL

Une belle porte d'entrée pour plonger dans le savoir-faire et l'ADN de cette maison réunionnaise. Le rhum vieux Savanna Le Must est un assemblage gourmand de vieux rhum traditionnel de mélasse et de vieux rhum grand arôme, sélectionnés parmi des fûts de 4 à 9 ans d'âge.

Au nez : des parfums subtils alliant fruits et bois torréfié.

En bouche : un rhum complexe pour des palais pas farouches, qui mêle gourmandise, notes torréfiées, fruits exotiques et épices douces.

SAVANNA : L'UNE DES RARES DISTILLERIES À PRODUIRE PLUSIEURS TYPES DE RHUMS

C'est l'une des marques les plus pointues du monde du rhum, très convoitée par les collectionneurs.

La distillerie a vu le jour en 1870 sur la côte ouest de l'île, au pied des contreforts de Saint-Paul, sur le domaine sucrier de Savanna, alors distillerie de Savanna. En 1986, le domaine sucrier où se fournit la distillerie ferme ses portes, ce qui conduit celle-ci à déménager dans l'enceinte de la sucrerie de Bois-Rouge, à Saint-André, en 1992. Une solution idéale pour s'approvisionner rapidement en mélasse. Pourquoi cette maison est-elle aussi plébiscitée ? C'est l'une des rares distilleries à produire différents types de rhums à partir de mélasse, du rhum léger non embouteillé mais exporté en vrac, des rhums traditionnels de sucrerie, des rhums *high ester*. Les plus connus sont le Grand Arôme (produit uniquement dans deux distilleries au monde) et le Herr rhum signature de Savanna, distillé en alambic après une fermentation très longue de onze jours, sans oublier les rhums agricoles issus du jus de canne locale. Savanna peut se targuer d'un vrai savoir-faire qui commence dès la fermentation pour créer les arômes mis en lumière lors de la distillation. Pour confectionner ses trésors aromatiques, la distillerie dispose d'une lourde artillerie : sept cuves de fermentation installées au bord de l'océan Indien, deux colonnes à distiller dont une vieille colonne en cuivre Savalle, ainsi qu'un alambic. Elle abrite dans son chai neuf cents barriques qui ont pour certaines jusqu'à 20 ans d'âge. La cellule n° 4 du chai, le fameux « chai humide », est particulièrement réputée pour son atmosphère moite apportant aux rhums un maximum de rondeur. La part des anges s'élève à plus de 8 % par an. La distillerie Savanna ainsi que la sucrerie de Bois-Rouge sont accessibles au public qui peut s'amuser à découvrir les coulisses de la fabrication du rhum.

ÎLE MAURICE

UNE BALADE DANS LE PAYS

L'île Maurice est une île volcanique qui se trouve dans l'archipel des Mascareignes, à environ 2 000 kilomètres à l'est de la côte sud-est du continent africain. Découverte par les navigateurs arabes au xe siècle, l'île Maurice fut colonisée successivement par les Néerlandais, les Français et les Britanniques au cours des siècles. Elle a finalement obtenu son indépendance du Royaume-Uni en 1968 et est aujourd'hui une république démocratique. L'île est célèbre pour ses plages de sable blanc bordées de palmiers et baignées par des eaux cristallines. Parmi les plages les plus populaires, on retrouve celles de Trou-aux-Biches, de Mont Choisy, de Belle Mare et de Flic-en-Flac. La biodiversité de l'île est bluffante, on y trouvait plusieurs espèces endémiques, dont le célèbre dodo, oiseau emblématique éteint depuis le xviie siècle. L'intérieur de l'île est constitué de montagnes verdoyantes, de vallées luxuriantes et de cascades rafraîchissantes. Le parc national des gorges de Rivière Noire, le morne Brabant et le parc national de Black River Gorges sont des spots naturels de premier ordre. La cuisine locale est un mélange savoureux d'influences indiennes, chinoises, créoles et françaises. Il faut goûter le fameux dholl puri, le rougail ou encore les boulettes, des plats typiquement mauriciens.

LE MARCHÉ DU RHUM DE L'ÎLE MAURICE

- Cette île paradisiaque dispose de tous les atouts pour cultiver de la canne à sucre et produire du rhum : un sol volcanique et un climat tropical.
- **Les premières colonies hollandaises cultivaient de la canne à sucre pour produire de l'arak.**
- L'année 2001 est à marquer d'une pierre blanche puisque les producteurs de rhum ont depuis cette date l'autorisation d'utiliser du vesou et de distiller en dessous des anciens taux légaux d'alcool. Une nouvelle loi qui permet d'améliorer la qualité du rhum.
- **Les distilleries ont la particularité de distiller différents types de rhums :** rhum de mélasse (industriel), rhum à base de jus de canne à sucre (agricole), rhums arrangés et *spiced rums*.

CAP SUR SES PRODUCTEURS

CHAMAREL :
UN RHUM DE JUS DE CANNE RÉALISÉ ÉTAPE PAR ÉTAPE

Basée dans la région sud-ouest de l'île Maurice, à quelques kilomètres de la côte, la distillerie Chamarel est l'une des plus jeunes et belles distilleries du pays, créée en 2008.

Cette maison réputée pour son rhum blanc très fruité et aromatique est née sous l'impulsion de la famille Couacaud (également gestionnaire d'un groupe hôtelier), propriétaire depuis 1996 d'un domaine de champs de cannes à sucre sur 450 hectares. Avec un sol fertile, argileux et volcanique, un taux d'ensoleillement maximum et trois variétés de cannes à sucre, le lieu combine tous les atouts pour construire un site de production de rhum.

Aujourd'hui, la distillerie se distingue de ses consœurs en utilisant exclusivement sa propre matière première pour distiller uniquement du pur jus de canne à sucre. Chamarel s'est donné les moyens pour produire un rhum riche doté de multiples saveurs, avec deux types d'alambics en cuivre : une colonne pour apporter du corps au distillat et des alambics à repasse pour sublimer toutes les saveurs des cannes à sucre et donner de l'élégance.

Depuis quelques années, la distillerie Chamarel mise sur la création d'une gamme de rhums vieux conservés dans les deux chais de l'exploitation, entre fûts de chêne français et américain. Les amateurs de la maison sont invités à découvrir la distillerie et l'architecture en bois et pierre du domaine signée par l'expert mauricien Maurice Giraud à travers un parcours parfaitement bien ciselé rimant avec bien-être, exotisme et saveurs.

LES DEUX CUVÉES PHARES

RHUM VIEUX CHAMAREL VO 2008, 46°, 70 CL

Attention, collector ! Le rhum vieux Chamarel 2008 exprime tout le savoir-faire de cette maison de l'île Maurice : du terroir jusqu'à l'art de la distillation à partir de jus de canne à sucre sous un vieillissement tropical. 2008 représente l'année de la création de la distillerie.

Au nez : de belles notes de canne fraîche légèrement boisées.

En bouche : élégance et raffinement sont au rendez-vous, accompagnés d'une belle fraîcheur.

RHUM VIEUX CHAMAREL XO OLOROSO FINISH, 45°, 70 CL

Une belle introduction au rhum vieux mauricien avec double maturation. Chamarel XO est un rhum de 6 ans d'âge provenant d'un élégant assemblage de rhums distillés en colonne et en alambic puis vieillis en fûts de chêne français avec une finition de deux ans en fûts d'oloroso.

Au nez : une belle harmonie entre des notes de fruits cuits, de dattes et de fruits rouges.

En bouche : l'équilibre parfait pour ce voyage autour de notes d'épices, de noix, de vanille et de fruits secs.

- Tour du monde du rhum -

ALLER-RETOUR EN

ASIE

L'INDE

UNE BALADE DANS LE PAYS

On ne revient jamais tout à fait le même d'un voyage en Inde. Cette démocratie au territoire étendu et plus peuplée que la Chine est davantage qu'une destination, c'est une expérience inoubliable. La diversité culturelle, religieuse et les lieux incroyables, édifiés ou naturels, font que l'on doit y retourner plusieurs fois pour espérer comprendre le pays et ses habitants. Le simple hochement de tête indien qui ne veut pas dire non mais pas vraiment oui non plus est un bon exemple de ce qui fait le charme et la subtilité des échanges avec la population. Alors pourquoi ne pas aller flâner à Pondichéry, devant ses magnifiques maisons à colonnes, ou s'émerveiller à la vue du temple d'Or d'Amritsar, sanctuaire suprême du peuple sikh ? Foncer en *rickshaw* dans la circulation folle de Delhi et découvrir les mille épices de ses marchés de rue et son « or liquide » au goût exotique ? Tellement de situations uniques à vivre !

LE MARCHÉ DU RHUM DE L'INDE

- **L'Inde représente l'un des plus vieux producteurs de canne à sucre.** Les spécialistes du rhum parlent de plus de quatre cents années d'histoire. Elle se classe aujourd'hui comme le premier producteur de sucre et le deuxième exportateur.
- **Le marché du rhum peut s'appuyer sur un gros potentiel de consommateurs** puisque le pays ne compte pas moins d'un milliard d'habitants.
- Les Indiens se sont intéressés à la production de rhum seulement à partir de la moitié du XIXe siècle grâce à l'arrivée de nouveaux outils de distillation, notamment les colonnes de distillation continue.
- **Les rhums qui caracolent sur le marché indien sont réalisés à partir de mélasse**, comme Old Monk et Wild Tiger qui arborent des bouteilles au look excentrique (la silhouette d'un moine pour Old Monk et une robe tigrée ornée d'une dent de tigre pour Wild Tiger).
- **Le marché des spiritueux indiens est très inspiré par les trésors alcoolisés des quatre coins de la planète.** Nombreux whiskies ou vodkas sont réalisés à partir d'alcool neutre de mélasse, résidu de cannes.

CAP SUR SES PRODUCTEURS

CAMIKARA : L'INNOVATION

Une maison à suivre de très près puisque Camikara représente le premier rhum distillé à partir de jus de canne à sucre indien à découvrir, depuis peu, sur le marché français.

Son nom n'y va pas par quatre chemins puisqu'il signifie « or liquide » en langue sanskrite. L'aventure a démarré en 2009 dans un petit village d'Indri où ont été récoltées des tiges de canne à sucre de belle qualité pour obtenir un jus destiné à être distillé à Piccadily Distilleries et vieilli dans neuf cent cinquante-six fûts de chêne américain pendant douze années. Derrière cette belle initiative se cache Piccadily Agro Industries, un producteur indépendant de spiritueux spécialisé dans les whiskies. Son ambition : donner un nouveau départ au rhum marqué par l'époque coloniale. L'équipe de Camikara a puisé son inspiration dans l'histoire de la communauté de la région du Pendjab qui distille depuis des milliers d'années du jus de canne à sucre pour créer une boisson locale du nom de *laahan*.

LE PRODUIT PHARE :

CAMIKARA INDIAN RUM 12 ANS, 50°, 70 CL

Voici le tout premier rhum à base de pur jus de canne indien sorti des fûts de la maison, vieilli 100 % en fût de chêne américain pendant douze ans ! Cet « or liquide » rend hommage au top 3 des valeurs indiennes : la terre, le temps et la culture. La part des anges est très importante en Inde. En effet, il ne reste plus que 6,6 % du volume initial du rhum après douze ans d'échange avec le bois.

Au nez : un véritable aller et retour sensoriel en Inde paré d'un melting-pot d'effluves : végétaux, cuir, fruits secs, caramel et gingembre.

En bouche : un moment magique de dégustation autour de notes d'épices douces, de miel, de vanille et de fruits mûrs.

AMRUT : L'INSTITUTION

Que les amateurs de whiskies du Nouveau Monde qui ne connaissent pas les single malts bien ciselés de cette distillerie nichée près de Bangalore, la Silicone Valley indienne, lèvent le doigt !

Fondée en 1948 par Radhakrishna Jagdale, après l'indépendance de l'Inde, l'entreprise familiale spécialisée dans l'industrie pharmaceutique s'ouvre au monde des spiritueux à travers une activité prolifique d'assemblage et d'embouteillage de différents alcools. Dès les années 1960, elle attaque la production de rhum puis, dans les années 1970, de whisky, qui l'a fait connaître auprès des férus de jus malté à travers la planète. Déguster l'une des cuvées de rhum d'Amrut (« élixir de vie » en indien) est l'occasion de se plonger dans un terroir terriblement exotique. Ce producteur indien aime se distinguer de ses confrères en utilisant une matière première peu commune dans l'univers du rhum mais très convoitée dans la pâtisserie : le jaggery ou gur, un sucre brun non raffiné issu de la cuisson du vesou, majoritairement utilisée en Inde mais aussi chez ses voisins du Pakistan ou au Sri Lanka. Autre signe distinctif qui va faire monter au septième ciel tout bon amateur de rhum : Amrut fait vieillir ses précieuses cuvées dans un chai perché à près de 1 000 mètres au-dessus de la mer dans un climat chaud et humide qui accélère la fameuse part des anges jusqu'à 12 %. La promesse d'un rhum riche de mille et une saveurs.

LES DEUX PRODUITS PHARES :

TWO INDIES WHITE RUM, 42,8°, 70 CL

Two Indies White Rum est le parfait clin d'œil pour comprendre le savoir-faire de la maison. C'est un assemblage, réalisé à la distillerie, de trois types de rhums : un rhum blanc issu de jus de canne à sucre et distillé en alambic à repasse avant de reposer en fût de chêne américain, un rhum blanc issu de jaggery distillé en alambic à repasse et vieilli en fût de chêne américain et un rhum jamaïcain marqué par des esters fruités et puissants.

Au nez : une belle fraîcheur et des notes végétales qui réveillent les narines.

En bouche : des saveurs particulièrement gourmandes avec un soupçon de réglisse et de poivre blanc.

À savourer devant un coucher de soleil.

TWO INDIES DARK, 42,8°, 70 CL

Cette cuvée exprime l'esprit décalé et créatif de la maison. C'est un assemblage de deux styles de rhums très distincts : un rhum blanc issu de jaggery, distillé en alambic à repasse et vieilli en fût de chêne américain, associé à un rhum jamaïcain aux arômes intenses.

Au nez : des effluves de fruits noirs, de mélasse et de réglisse qui chatouillent les narines.

En bouche : un voyage au pays de la gourmandise et des épices avec une pointe de safran.

JAPON

UNE BALADE DANS LE PAYS

Bienvenue au Japon, l'archipel aux plus de 6 000 îles. Il résiste à 1 500 séismes qui le secouent tous les ans du fait de sa situation au lieu de rencontre de deux plaques tectoniques majeures. Dans Tokyo, le calme et le tumulte se côtoient, des rues grouillantes du centre avec leurs murs d'enseignes lumineuses au calme du jardin Hama-Rikyu situé dans le quartier de Tsukiji, donnant sur la baie de Tokyo où les gratte-ciel du centre d'affaires de Shiodome qui surplombent la promenade dénotent avec l'aspect traditionnel du parc. Plus empreinte d'histoire, Kyoto, l'ancienne capitale impériale, est la ville des arts et des fêtes traditionnelles.

En grande partie montagneux, le « pays du soleil levant » vous attire vers ses sommets pour vous baigner dans les onsen, ces sources d'eau chaude naturelles, à Nara, berceau artistique et religieux, ou encore à Hakone, la porte du mont Fuji, symbole majestueux du Japon, à voir au printemps lorsque les cerisiers sont en fleur. Direction ses îles où reposent une kyrielle de rhums inspirés par le terroir.

LE MARCHÉ DU RHUM AU JAPON

- **Le Japon n'a plus rien à prouver en matière de whisky** (Suntory et Nikka sont ses deux maisons stars qui s'affichent sur les étagères des bons cavistes). C'est aujourd'hui le potentiel créatif du rhum qui attire les producteurs de spiritueux à travers l'arrivée d'une vague de distilleries inventives lancées au début du XXIe siècle.
- C'est au sud du Japon, sur les îles tropicales Okinawa, Ogasawara, Minami Daïto et Lejima que pousse essentiellement la canne à sucre grâce à un **climat méridional et à un sol riche en minéraux**. Tout un panel de rhums est produit avec des méthodes de production innovantes.
- **La production de rhum, réalisé à partir de mélasse sur l'archipel Ogasawara, a débuté au XIXe siècle**. On l'appelait l'awazake. Son essor a été stoppé avec l'arrivée de la Seconde Guerre mondiale et l'annexion de l'île par les Américains jusqu'en 1968.
- **Créée en 2008, la Japan Rum Society organise un festival d'événements pour promouvoir le rhum** comme le Rum Concierge, genre de masterclass pour maîtriser les clés de ce spiritueux exotique.

CAP SUR SES PRODUCTEURS

RYOMA :
UNE EXCELLENTE PORTE D'ENTRÉE

Impossible de ne pas goûter le rhum de la distillerie Kikusui si vous vous baladez parmi les nombreux temples ancestraux de l'île de beauté Shikoku, qui fait partie des quatre principales îles du Japon.

Installée sur l'île depuis 1888, l'entreprise a investi l'univers des alcools à travers le saké avant d'ouvrir son horizon vers le rhum. Celui-ci est baptisé Ryoma en hommage à Sakamoto Ryōma, un samouraï politicien qui participa à la chute de la dynastie de shoguns Tokugawa et au développement profond du Japon vers l'Occident au XIXe siècle, à la fin de l'époque d'Edo.

Ce rhum reflète la culture et l'artisanat du pays du soleil levant puisqu'il utilise la canne à sucre des agriculteurs locaux pour en faire du jus et du miel. Ces deux matières premières sont distillées dans un alambic en acier inoxydable permettant de préserver les composants aromatiques de la canne. Le vieillissement est réalisé jusqu'à sept ans dans des fûts neufs en chêne blanc américain, pour exprimer tout un bouquet aromatique de saveurs.

LE PRODUIT PHARE

RYOMA, 40°, 70 CL

Premier rhum japonais vendu en grande surface en France, Ryoma est un rhum de pur jus de canne à sucre et de miel de canne à sucre vieilli entre douze et dix-huit mois en fûts de chêne. C'est une excellente porte d'entrée pour découvrir toute la finesse et l'élégance des rhums japonais.

Au nez : on apprécie la délicatesse de son parfum de fleurs blanches et d'anis étoilé.

En bouche : on se délecte de sa belle rondeur d'épices et de sa fraîcheur marquée de mélasse amère et d'agrumes.

HELIOS : LA PREMIÈRE DISTILLERIE DE RHUM DU JAPON

Fondée en 1961 par Tadashi Matsuda sur l'archipel d'Okinawa, Helios est la plus ancienne rhumerie du Japon.

À l'origine, la production était destinée aux besoins de l'armée américaine basée à cette époque sur l'île. Il faut savoir qu'Okinawa a beaucoup souffert des tumultes de la Seconde Guerre mondiale et a été occupée jusqu'en 1972 par les Américains. Le climat méridional est ici très propice à la culture d'une canne à sucre donnant un rhum atypique, salin et minéral.

La distillerie Helios a puisé son inspiration dans les méthodes de production de la boisson emblématique japonaise, le saké, en réalisant une fermentation longue (entre cinq et douze jours) à base de mélasse et en utilisant la levure japonaise koji pour livrer une puissance aromatique (très forte de truffe). La distillation est réalisée dans un alambic pot still en cuivre et le vieillissement majoritairement en fûts de chêne américain ex-bourbon.

LES DEUX PRODUITS PHARES

RHUM BLANC KIYOMI, 40°, 70 CL

C'est l'un des rhums iconiques de la distillerie, très apprécié par le monde de la mixologie. Le rhum Kiyomi, qui signifie « beauté pure », est réalisé dans les règles de l'art de Helios : une base de mélasse de canne à sucre locale, fermentée longuement grâce à l'enzyme japonaise nommée koji, puis distillée en pot still en cuivre.

Au nez : un parfum qui réveille les sens grâce à ses arômes de truffe, de banane flambée et de fruits exotiques.

En bouche : une excursion des notes rondes pour terminer par des saveurs poivrées.

TEEDA 21 ANS, 48°, 70 CL

Ce rhum vieux, distillé en 1998 et embouteillé par la troisième génération de la famille Matsuda, fait le bonheur de tous les amateurs de cuvées complexes. Réalisé à partir de mélasse de canne à sucre locale, il a vieilli pendant vingt et un ans dans des fûts de chêne américain neufs.

Au nez : des arômes raffinés qui rappellent le miel et un brin de réglisse.

En bouche : un long chemin de gourmandise avec des notes chocolatées et une touche de vanille.

THAÏLANDE

UNE BALADE DANS LE PAYS

Ancien royaume du Siam, la Thaïlande se distingue de ses voisins par le fait qu'elle a toujours su résister aux tentatives de colonisation occidentale. Riche de paysages contrastés, le « pays du sourire » se sillonne du nord, pour ses montagnes verdoyantes et ses temples bouddhistes, au sud, pour ses splendides plages de sable fin, ses falaises et ses villages flottants de pêcheurs.

Bien sûr, Bangkok, la bouillonnante capitale de dix millions d'habitants, reste le point de mire des touristes avides de découvrir le mix entre des traditions thaïes, une culture moderne tournée vers l'Occident et une vie cinq étoiles. Vous n'échapperez pas aux petites ruelles qui fleurent bon la street food des échoppes collées serrées et aux bars à cocktails d'hôtels qui « shakent » des élixirs sophistiqués pour des palais avertis.

LE MARCHÉ DU RHUM EN THAÏLANDE

- **La Thaïlande représente l'un des principaux exportateurs de sucre** (environ 70 % de sa production) malgré plusieurs années de sécheresse. La canne à sucre est pratiquement cultivée dans tout le pays avec trois régions principales : le Nord, le Centre et le Nord-Est.
- **Les Thaïlandais consomment beaucoup de rhums**, généralement réalisés à partir de mélasse et de riz qui ne sont pas forcément d'une grande qualité, mais aussi d'autres spiritueux. C'est pourquoi de nombreux grands groupes sont implantés sur ce marché fructueux comme Pernod Ricard et Diageo.
- **Mekhong, un *blend* de rhums à 35°, se place comme le spiritueux leader sur le marché.** Celui-ci a été lancé par la première distillerie de Thaïlande en 1941 par le grand groupe de spiritueux ThaiBev.
- **Le cahier des charges du rhum de Thaïlande** limite l'embouteillage du spiritueux à 40°.
- **Quelques producteurs français se sont installés dans ce pays d'Asie aux terres très fertiles pour la qualité du terroir**, comme la distillerie Issan, créée en 2013, qui prône des méthodes de production durables.

CAP SUR SES PRODUCTEURS

CHALONG BAY :
L'HISTOIRE D'UN COUPLE PASSIONNÉ DE RHUM ET DE THAÏLANDE

Direction Phuket, la perle du sud du pays où se sont installés en 2010 deux aventuriers français du rhum, Marine Lucchini et Thibault Spithakis.

À l'époque, les spiritueux locaux n'ont pas vraiment une très bonne réputation. À leur arrivée, les tourtereaux de 24 ans ont dans leurs sacs à dos une bonne culture du pays, des spiritueux et du vin. Leurs objectifs : lancer un rhum de style agricole de qualité dans ce berceau de la canne à sucre et exploiter la matière première dans le terroir de la Thaïlande. Chose dite, chose faite ! Le premier rhum de Chalong Bay sort des cuves en 2012, distillé à partir de jus de canne cultivée sans pesticide et récoltée à la main, en partenariat avec des fermiers.

Pour obtenir un distillat à la fois riche, fruité et léger, ce couple téméraire ramène de France un alambic armagnacais doté d'une petite colonne, chauffé à feu direct avec du bois recyclé. Chalong Bay est réputée pour ses rhums blancs aromatisés naturellement grâce à une nouvelle technique d'infusion à la vapeur avec des ingrédients fraîchement coupés (citronnelle, basilic doux, combava…) utilisés dans la cuisine asiatique. Le succès est immédiat aussi bien localement qu'à l'échelle internationale. La distillerie est devenue l'une des attractions de la capitale de la Thaïlande avec son bar et ses cours de cocktail. Un sacré défi !

LES DEUX PRODUITS PHARES :

CHALONG BAY PURE SERIES, 40°, 70 CL

Primé à de multiples reprises, Chalong Bay Pure Series est le premier rhum à déguster dans la gamme de la distillerie pour comprendre tout l'univers écoresponsable et artisanal de la maison : utilisation à 100 % de pure canne à sucre naturelle thaïe coupée à la main sans brûlis ; pas d'engrais ni pesticides chimiques ; une distillation innovante avec un alambic armagnacais cuivré et des techniques françaises de production, et surtout aucun additif ni sucre ajouté. On apprécie sa bouteille ornée d'une étiquette simple et graphique.

Au nez : on attaque net par des arômes herbacés de canne à sucre fraîche et de lait de coco.

En bouche : le duo a réussi son pari avec cette pépite qui se savoure pour sa subtile rondeur, ses douces notes épicées et iodées.

CHALONG BAY DOUBLE BARREL, 47°, 70 CL

Produit avec le même process que Chalong Bay Pure Series, Chalong Bay Double Barrel fait honneur à l'alliance du savoir-faire franco-thaïlandais. C'est le premier rhum à plus de 40° issu de jus de canne à sucre de Thaïlande vieilli en France, dans le Gers, pendant vingt-quatre mois. Le couple a mis en lumière un assemblage de fûts neufs en chêne français et de fûts ex-armagnac, un clin d'œil à l'alambic armagnacais utilisé à la distillerie de Phuket.

Au nez : une évasion sur des parfums mielleux et végétaux. Le jus de canne à sucre saute bien aux narines.

En bouche : un rhum vif qui marque la mémoire gustative avec ses notes gourmandes et épicées. À déguster pourquoi pas en old fashioned.

VIETNAM

UNE BALADE DANS LE PAYS

L'histoire tumultueuse du Vietnam a vu se succéder des périodes de dominations chinoise, japonaise puis française, et ce n'est qu'en 1976, plus de dix ans après le départ des Américains, que l'État indépendant du Vietnam est proclamé. Ce pays tout en longueur possède toutes les nuances dont peut rêver un visiteur, du nord, avec Hanoï, capitale au charme subtil d'un autre temps, au sud, avec la bouillonnante Ho Chi Minh ville (anciennement Saïgon), en passant par Hué, la cité impériale, avec ses palais majestueux. Côté nature, on a l'embarras du choix avec les chutes de Pongour à sept étages, les plages paradisiaques qui bordent tout son littoral, l'inévitable et mystérieuse baie d'Along et ses célèbres pains de sucre karstiques, sillonnée par les jonques colorées. Le verre de rhum est le petit bonus.

LE MARCHÉ DU RHUM AU VIETNAM

- Bien que la population vietnamienne consomme essentiellement de l'alcool de riz et de la bière, **le pays détient tous les atouts pour devenir une grande terre du rhum**.
- **Le pays se classe comme 16e producteur de canne à sucre** avec au compteur près d'une soixantaine de variétés.
- **La distillation du jus de canne à sucre n'a pas la cote au Vietnam.** Les producteurs favorisent la mélasse.
- Comment s'appelle la première marque de rhum artisanal vietnamienne ? C'est **le Belami, imaginé par un mixologiste français**, Roddy Batajon, qui associe ingrédients vietnamiens et culture des Caraïbes.

CAP SUR SES PRODUCTEURS

DISTILLERIE D'INDOCHINE :

L'ASSOCIATION DE DEUX CULTURES

Retenez bien ce nom qui sonne bien, « sampan ». Celui-ci fait référence à une petite embarcation d'Extrême-Orient utilisée comme habitat ou pour la pêche côtière.

C'est aujourd'hui une marque de rhum bâtie par trois amis français, amoureux de l'Asie, qui ont installé leur alambics, les pieds dans l'eau, dans un paysage paradisiaque à 50 mètres de la plage et à 15 kilomètres de Hoi An. Fonctionnelle depuis 2019, la Distillerie Indochine s'est installée volontairement à 50 kilomètres des champs de cannes à sucre. Les trois fondateurs ne sont pas des novices dans le monde des alcools (trente-cinq ans d'expérience à eux trois). Le premier, Antoine Poircuitte, vient d'une famille de bouilleurs de cru basée dans l'est de la France. Le deuxième et le troisième, Julien Masset et Jan Visser, sont des experts de l'Asie et du vin.

Le marché du rhum au Vietnam est dominé par des rhums traditionnels entre Bacardi et Havana Club et de grandes maisons de rhum agricole comme Clément. Le trio dispose d'un vrai terrain de jeu pour implanter un rhum agricole artisanal made in Vietnam. Les trois amis n'ont pas lésiné sur les moyens pour investir dans un équipement de compétition : un alambic armagnacais à colonne gersois armé de onze plateaux d'extraction pour obtenir une qualité optimale et une cuve de fermentation à double paroi pour éviter l'attaque de la rouille.

Les premiers rhums blancs sont sortis fin 2020 avec succès et ont reçu plusieurs récompenses. En 2022, les trois entrepreneurs ont lancé leur première cuvée en vieillissement tropical dans leur chai. Sûrement les prémices d'une longue série.

LES DEUX PRODUITS PHARES

RHUM BLANC SAMPAN FULL PROOF, 65°, 70 CL

Ce rhum blanc à très haut degré fait partie de la gamme des premiers rhums lancés par la Distillerie d'Indochine (également 43° et 54°) à destination du monde du cocktail pour une simple dégustation. Ce bijou de saveurs est réalisé uniquement à partir de pur jus de canne 100 % vietnamien et distillé selon un savoir-faire « made in France »... À conseiller pour des palais avertis.

Au nez : on prend quelques distances pour humer ce rhum qui explose dans une tempête d'effluves de fruits exotiques et de canne très fraîche.

En bouche : même effet de choc ; après le cap de la première gorgée, le palais est hypnotisé par le bouquet de notes de fruits exotiques, de fraîcheur et une petite touche de poivre.

RHUM VIEUX SAMPAN CELLAR SERIES, 47,1°, 70 CL

Après le succès de leurs rhums, les fondateurs de la Distillerie d'Indochine se sont lancés dans la production de rhum vieux. Ses joyaux de saveurs sont enfin sortis des fûts ! Distillé en 2018, ce rhum a vieilli trois ans en ex-fûts de cognac avant d'être embouteillé à 47,1°.

Au nez : une évasion aromatique estivale tournée vers des notes d'abricots confits, de vanille et d'agrumes.

En bouche : c'est la même émotion côté papilles. Honneur à la gourmandise avec une farandole de notes pâtissières et d'épices douces.

PHILIPPINES

UNE BALADE DANS LE PAYS

Les Philippines, en plein Pacifique occidental, sont composées d'un archipel de 7 641 îles, dont 11 principales. Plus de 1 000 sont habitées. Elles ont été colonisées par l'Espagne au XVIe siècle, puis ont été sous le contrôle des États-Unis au XXe siècle avant de devenir indépendantes en 1946. L'influence de ces deux puissances coloniales est toujours visible dans la langue, la religion et la culture du pays. La diversité ethnique est également présente, avec plusieurs groupes ethnolinguistiques différents, dont les principaux sont les Tagalogs, les Visayas et les Ilocanos. Situées dans les montagnes du nord de Luzon, les rizières en terrasses de Banaue sont un site du patrimoine mondial de l'Unesco. Ces paysages spectaculaires sont le fruit du travail acharné des communautés autochtones. Les Philippines abritent de nombreux volcans, dont le volcan Taal et le mont Mayon, qui offrent la possibilité de randonner et d'observer la nature. Le parc national du mont Apo est également un lieu prisé des amateurs de balades. La vieille ville de Vigan, inscrite au patrimoine mondial de l'Unesco, est un exemple remarquable de ville coloniale espagnole avec ses maisons traditionnelles et ses rues pavées.

Le quartier fortifié d'Intramuros, à Manille, est un autre site historique à admirer d'urgence. L'archipel est célèbre pour ses magnifiques plages de sable blanc, notamment à Boracay, Palawan, Siargao, et Panglao. Les eaux claires et chaudes regorgent de récifs coralliens, d'épaves de navires et d'une incroyable biodiversité marine. Au menu, des spécialités locales : des plats tels que l'adobo (viande marinée dans une sauce à base de vinaigre et de sauce soja), le sinigang (soupe aigre-douce) et le lechon (porc rôti) sont fameux.

LE MARCHÉ DU RHUM AUX PHILIPPINES

- **La culture de la canne à sucre aurait démarré avant la colonisation des Espagnols**, les premiers négociants arabes ayant déjà déposé sur les terres des Philippines des boutures de canne à sucre avant le XVIe siècle.
- **Aujourd'hui, dix-sept provinces cultivent la canne à sucre**, dont la région de l'île de Negros qui fournit la moitié de la production du pays.
- **Tanduay, première marque lancée sur le marché aux Philippines, est née en 1854** et reste l'un des leaders dans le pays.

CAP SUR SES PRODUCTEURS

DON PAPA :
L'AMBASSADEUR DU RHUM PHILIPPIN

Lancé en 2012, ce bulldozer du monde du rhum a gardé toute son aura depuis la sortie de sa première cuvée. En effet, la marque philippine se situe à la troisième place des ventes de rhum vieux en grande distribution.

Son créateur, Stephen Carroll, est une figure des spiritueux dotée d'un CV bien étoffé (Diageo, Seagram, ou encore Rémy Cointreau). Son flair l'a guidé vers le monde du rhum qu'il a vu monter en puissance. Il décide de tenter sa chance non pas dans les Caraïbes, mais aux Philippines. L'entrepreneur britannique fonde la structure Bleeding Heart Rum Company et fait appel à un géant de la distillation sur l'île de Negros pour produire Don Papa, un nom inspiré de Papa Isio, célèbre chef de file de la révolution philippine dans les années 1890. Don Papa 7 ans est lâché comme une bombe en 2013. On connaît aujourd'hui son succès grâce à sa douceur et à sa richesse aromatique ! Aujourd'hui, la marque réunit près de dix références distillées à partir de mélasse, l'or noir des Philippines et tout l'ADN de Don Papa, y compris les boissons spiritueuses à base de rhum, dont le Don Papa Masskara. Le groupe international Diageo vient d'acquérir ce roi de l'or noir.

LES DEUX CUVÉES PHARES

DON PAPA GAYUMA, 40°, 70 CL

L'une des dernières créations de Don Papa, qui rend hommage aux pratiques des chamans de la région de mont Kanlaon et de l'île de Fuego ! Ce « philtre d'amour » réalisé à partir de mélasses locales est un travail de vieillissement avec différents fûts : sept ans dans des fûts de bourbon en chêne américain, puis six mois en fûts de rioja et trois mois en fûts ayant contenu du whisky écossais tourbé de l'île d'Islay.

Au nez : un nez sous le charme d'arômes tourbés, vanillés et d'écorce d'orange.

En bouche : des papilles hypnotisées par des notes tourbées, épicées, et de cacao s'achevant par une belle fraîcheur.

DON PAPA RYE CASK, 45°, 70 CL

Lancé en 2020, ce joyau pour cocktail est réalisé à partir de mélasse locale, aussi appelée black gold, et vieilli en ex-fûts de rye whisky pendant quatre ans. C'est un trait d'union entre deux univers, les États-Unis et les Philippines. Son étiquette est un clin d'œil aux bars clandestins américains.

Au nez : des narines réveillées par des arômes de poivre, de caramel salé et de menthe fraîche avec une touche de bois.

En bouche : un palais qui est charmé par des notes d'épices, de réglisse, de miel, de café et de chocolat.

L'INTERVIEW

ORIGINAL PRODUCT

STEPHEN CARROLL

Fondateur de Don Papa

POURQUOI AVOIR CHOISI LES PHILIPPINES POUR PRODUIRE LE RHUM DON PAPA ?

Les Philippines sont l'un des plus gros producteurs de sucre dans le monde. Elles se classent dans le top 15. L'industrie sucrière pèse lourd dans l'économie locale et pourvoit entre 300 000 et 400 000 emplois sur l'île. Là où il y a du sucre, il y a toujours du rhum. La production du rhum a démarré aux Philippines plus tardivement que dans les Caraïbes, à partir du milieu du XIXe siècle.

COMMENT ÉVOLUE LE MARCHÉ DU RHUM AUX PHILIPPINES ?

Le marché du rhum reste dominé localement par la marque Tanduay. Néanmoins, le segment premium se développe avec quatre ou cinq marques, avec Don Papa comme locomotive. Une nouvelle marque vient d'être lancée sous le nom de Luisita, dans la province de Tarlac.

L'ARRIVÉE DE DON PAPA SUR LE MARCHÉ FRANÇAIS A ÉTÉ UN VRAI PHÉNOMÈNE ET A BOULEVERSÉ LA STRATOSPHÈRE DU RHUM. QUELLES ONT ÉTÉ LES CLÉS DE VOTRE SUCCÈS ?

Trois éléments ont séduit les consommateurs : un packaging qui a cassé les codes, un rhum distillé au bout du monde et un profil aromatique ambré, accessible à tous les pays. Les fans de la marque sont des consommateurs urbains qui ont développé leur palais autour du rhum grâce à Don Papa.

COMMENT LE RHUM DON PAPA A-T-IL ÉTÉ ACCUEILLI AUX PHILIPPINES ?

Le rhum Don Papa a d'abord été lancé aux Philippines en 2012 et a bien trouvé sa place localement. Les Philippines représentent l'un des plus grands marchés de rhum du monde et Don Papa a trouvé des fans parmi la jeunesse dorée locale, ainsi que parmi les touristes. Il est aussi devenu un cadeau indispensable pour la diaspora philippine qui retourne chez elle après une visite dans son pays natal.

QUELS SONT LES CHANGEMENTS DE LA MARQUE DEPUIS SA CRÉATION ?

Nous sommes passés de deux à cinq chais dans lesquels reposent tous nos rhums vieillis sous la chaleur tropicale et nous avons investi dans différentes variétés de fûts pour nos rhums cask : des fûts de bourbon, bien sûr, mais aussi des fûts de porto, de sherry et de rye. On expérimente d'autres palettes aromatiques avec des expressions en édition limitée. Par exemple, Don Papa Rye Cask est un rhum sec et épicé.

Don Papa Guyana est réalisé à partir de mélasse, il est vieilli en ex-fûts de bourbon et bénéficie de deux finitions, l'une en ex-fûts de vin de Rioja, l'autre en ex-fûts de whisky tourbé d'Islay, qui donnent un profil aromatique gourmand à la fois épicé et tourbé.

EST-CE QUE LE MONDE DU COCKTAIL A ÉTÉ UNE STRATÉGIE POUR VOUS DÉVELOPPER COMMERCIALEMENT ?

Don Papa a trouvé sa place dans le monde du cocktail à travers des grands classiques comme le old fashioned et le dark'n'stormy. La complexité du Don Papa Rye Cask en fait un excellent ingrédient.

COMMENT VOYEZ-VOUS ÉVOLUER LE MONDE DU RHUM DEPUIS LA CRÉATION DE DON PAPA ?

Le monde du rhum reste toujours en pleine évolution avec l'arrivée constante de nouveaux acteurs. Ce qui est intéressant, c'est que les producteurs continuent à innover. On voit aujourd'hui une vraie montée en gamme avec des rhums sur plusieurs niveaux.

AVEZ-VOUS DES PROJETS DANS LE MONDE DES SPIRITUEUX ?

Qui sait ! En ce moment, nous avons beaucoup de projets à finaliser avec Don Papa. Pour la suite, nous verrons bien !

QUELS SONT VOS BARS PRÉFÉRÉS DANS LE MONDE ?

Le bar à tiki Trailer Happiness, à Londres, et The Spirits Library à Manille, aux Philippines.

- Tour du monde du rhum -

EMBARQUEMENT POUR L'OCÉAN PACIFIQUE

TAHITI

UNE BALADE DANS LE PAYS

Tahiti est la plus grande île de la Polynésie française et est entourée d'autres îles plus petites, telles que Moorea, Raiatea, Bora Bora, Huahine, et bien d'autres. L'île de Tahiti est divisée en deux parties principales : Tahiti Nui (Grande Tahiti) au nord-ouest et Tahiti Iti (Petite Tahiti) au sud-est. La capitale de la Polynésie française, Papeete, est située sur la côte nord-ouest de Tahiti Nui. Le 5 juin 1767, le navigateur britannique Samuel Wallis fut le premier Européen à découvrir Tahiti. D'autres explorateurs, tels que James Cook, arrivèrent peu de temps après. Durant la seconde moitié du XIXe siècle, Tahiti fut le théâtre d'instabilités politiques et de luttes entre différentes chefferies et puissances étrangères. En 1842, la France établit un protectorat sur Tahiti, qui fut ensuite annexée en 1880. Au cours du XXe siècle, Tahiti a progressivement acquis un statut d'autonomie au sein de la République française. Elle fait maintenant partie de la Polynésie française, une collectivité d'outre-mer avec son propre gouvernement et une certaine autonomie politique. Sur tout l'archipel, la nature luxuriante est visible dans les magnifiques jardins botaniques de l'île qui révèlent une grande variété de plantes indigènes et exotiques. La riche culture polynésienne se découvre en visitant les villages traditionnels, en assistant à des spectacles de danse tahitienne et en découvrant l'artisanat local, comme les sculptures sur bois et les tissus tissés, les tatouages et les traditions anciennes comme le « ori Tahiti », danse traditionnelle expressive accompagnée de chants rythmiques. Les fameuses vagues de Tahiti attirent de nombreux surfeurs du monde entier. L'île est réputée pour ses spots de surf de renommée mondiale, comme Teahupo'o, où se déroule une étape du championnat du monde de surf. Ses eaux claires, où vit une variété incroyable d'espèces marines, y compris des raies, des requins et des tortues, offrent d'excellentes opportunités de plongée sous-marine.

LE MARCHÉ DU RHUM DE TAHITI

- **Le rhum de Tahiti** s'est taillé une belle réputation avec sa variété de canne à sucre endémique, o'tahiti, très riche en sucre. Celle-ci était utilisée pour ses vertus médicinales.
- Le comte Louis Antoine de Bougainville, officier de la Marine, eut la bonne idée d'exporter cette variété qui fut **la première à être cultivée sur le plan mondial au XVIIIe siècle**. L'arrivée d'espèces hybrides de cannes à sucre plus résistantes a fait disparaître cette variété naturelle plus fragile.
- C'est David Moux, d'origine chinoise, qui a donné une seconde vie à cette canne à sucre dans les années 1980 à Tahiti. **Il y monte sa distillerie, Tamure**, en 1991, et relance le rhum de jus de canne à sucre.
- **Aujourd'hui, une nouvelle vague de producteurs remet au goût du jour d'anciennes variétés de cannes à sucre locales** autour de rhums artisanaux et très aromatiques.

CAP SUR SES PRODUCTEURS

MANUTEA :
LA NOUVELLE GÉNÉRATION DE DISTILLATEURS DE TAHITI

Bienvenue sur l'île paradisiaque de Moorea, en Polynésie française, où s'est installée la distillerie Manutea en 1984.

Productrice d'eau-de-vie de fruits, de liqueurs et de punchs, l'entreprise s'intéresse au rhum de mélasse en 1990 puis au rhum de canne à sucre à partir de 2015. La distillerie remet au goût du jour la canne à sucre ancestrale et non hybridée o'tahiti, cultivée sur l'île de Tahaa où elle est coupée à la main, pressée et fermentée avant de rejoindre la distillerie sur l'île de Moorea. Le jus fermenté avec des levures biologiques est distillé dans un alambic en cuivre de type Holstein. Un vrai travail autour du terroir.

LES DEUX CUVÉES PHARES

RHUM MANUTEA BLANC BIO, 40°, 70 CL

Une cuvée qui montre l'engagement durable et l'excellence du terroir de la distillerie Manutea. Cette cuvée est un rhum blanc bio monovariétal réalisé à partir de la variété ancestrale o'tahiti, qui pousse sur les plantations certifiées bios sur les flancs du mont Rotui et dans la caldeira d'Opunohu.

Au nez : on navigue entre des arômes intenses de canne fraîche, de fruits exotiques et d'anis étoilé.

En bouche : plein phare sur des notes de fruits exotiques et de canne fraîche.

RHUM VIEUX MANUTEA VO, À 43°, 70 CL

Un produit collector à ne pas manquer : le premier rhum vieux de la distillerie Manutea. Celui-ci a été distillé à partir de jus de canne à sucre issu de la canne o'tahiti de l'île de Tahaa et vieilli pendant trois ans dans d'anciens fûts de bourbon et de banyuls.

Au nez : on est sous le charme de son parfum exotique de fruits vanillés, d'abricot sec et de bois toasté.

En bouche : un mariage dépaysant de saveurs de canne fraîche et d'épices avec une touche subtile de bois.

- TOUR DU MONDE DU RHUM -

UN VOL POUR L'AFRIQUE DU SUD

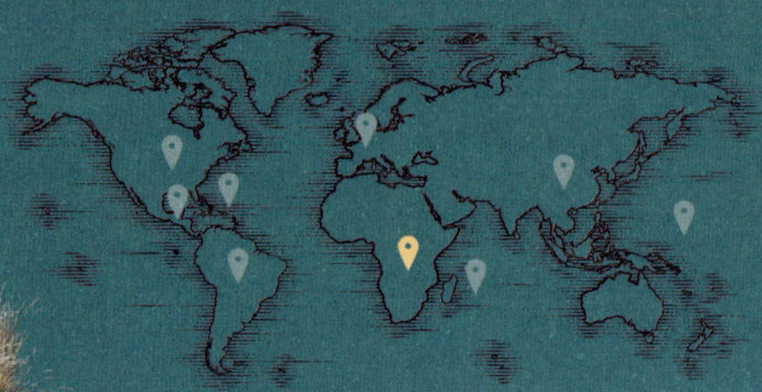

AFRIQUE DU SUD

UNE BALADE DANS LE PAYS

L'Afrique du Sud est synonyme de terre d'aventures avec ses espaces immenses et ses animaux sauvages que l'on peut approcher dans le célèbre parc Kruger, ou à la pointe du cap de Bonne-Espérance, avec sa réserve naturelle Kirstenbosch au pied de Table Mountain, entre Atlantique et océan Indien, tout près de Cape Town. Les montagnes du Drakensberg, au cœur du pays zoulou, offrent des paysages somptueux, tout comme les gorges verticales du Blyde River Canyon.

Au-delà de la nature, l'histoire de la « nation arc-en-ciel », selon l'expression de Desmond Tutu, est riche de son métissage et de sa culture. Il faut s'arrêter sur l'île de Robben Island, où Nelson Mandela fut emprisonné, et ne pas rater la visite du quartier de Soweto, illustration des combats dans la lutte contre l'apartheid.

Le pays est réputé également pour son vignoble, situé majoritairement sur la façade atlantique, autour du Cap. On y trouve des rouges fruités et puissants ainsi que des blancs expressifs dont le cépage principal est le chenin.

LE MARCHÉ DU RHUM D'AFRIQUE DU SUD

- Cette terre du vin a tous les atouts pour produire du rhum grâce à son **climat tempéré et son sol fertile**.
- **L'Afrique du Sud est un des premiers producteurs de canne à sucre dans le monde.** Quinze raffineries de sucre sont en activité. La récolte de canne à sucre a lieu tout au long de l'année.

- **Selon la période de récolte de la canne à sucre, le profil aromatique du rhum change.** En hiver, ses saveurs tendent vers un côté végétal et terreux. En été, les notes sont portées sur les fruits exotiques et le miel.
- **Le rhum est produit majoritairement à partir de mélasse.** Seulement trois distillateurs réalisent leur spiritueux à base de pur jus de canne à sucre : Mhoba, Tapanga et Mainstay.
- Depuis le début des années 2010, on voit fleurir une nouvelle vague de **producteurs artisanaux qui produisent du gin, mais aussi du rhum**.
- **Le rhum est consommé particulièrement dans le nord du pays**, alors que **le brandy est plus plébiscité dans le sud**, qui a des terres riches en vignes.

CAP SUR SES PRODUCTEURS

MHOBA : LE PREMIER RHUM AGRICOLE DU PAYS

Il s'appelle Robert Greaves, il est ingénieur en mécanique et il a lancé en 2015 la première distillerie de rhum agricole sur les terres d'Afrique du Sud, au cœur de la région de Nkomazi, dans la province du Mpumalanga.

Sa source d'inspiration : un voyage dans le monde du rhum de jus de canne à sucre sur l'île Maurice. Pour produire le rhum parfait, ce jeune passionné a construit de A à Z son outil de production, de la cuve de fermentation à l'alambic à repasse (pot still). La canne à sucre récoltée à la main est la nkomazi, cultivée et transformée dans la ferme autour de la distillerie. Ses rhums ont la particularité de vieillir dans des dames-jeannes, fûts de chêne français ou américain, avec un processus de carbonisation du bois réalisé à la main. Mhoba dispose déjà d'une gamme bien étoffée.

LES DEUX PRODUITS PHARES

MHOBA SELECT RELEASE WHITE, 58°, 70 CL

Une cuvée qui représente toute l'originalité du travail de Robert Greaves. Mhoba Select Release White est un assemblage des meilleurs distillats de la canne à sucre nkomazi, sélectionnés pour leurs arômes et leurs saveurs. La date de distillation est indiquée sur le devant de la bouteille.

Au nez : une ouverture sur un nouveau monde, plein de fraîcheur et d'épices.

En bouche : un périple gourmand qui nous emmène vers des saveurs de canne fraîche et de fruits d'été.

MHOBA AMERICAN OAK AGED, 48°, 70 CL

Le reflet du travail de vieillissement du producteur sud-africain. Le rhum Mhoba American Oak Aged est vieilli de manière insolite : une première fois dans des dames-jeannes contenant des morceaux de chêne blanc américain, coupés et brûlés au charbon de bois à la distillerie, puis, dans un second temps, dans des fûts de whisky sud-africain pour obtenir un second vieillissement. Ce rhum est boisé, gourmand et intense.

Au nez : des saveurs qui surprennent les narines autour d'arômes végétaux, de miel et de fruit.

En bouche : une excellente surprise pour ce rhum de caractère soutenu par des notes de canne, d'agrume, de bois, de vanille, de coco et de tabac.

Une virée vers l'Amérique du Nord

Louisiane

Une balade dans le pays

Française au XVIIe siècle avant de devenir espagnole puis américaine au début du XIXe siècle, la Louisiane, où l'influence des Caraïbes est très forte, a profité de ces mélanges culturels que l'on retrouve dans l'architecture de ses villes, l'âme de ses habitants et l'ambiance de ses cités. Ce *melting-pot* se ressent aussi dans la musique de La Nouvelle-Orléans où l'on peut écouter les groupes de jazz locaux, avec des influences héritées des fanfares ou du *R'n'B*, notamment dans le quartier du Vieux Carré. Ambiance assurée dans ce quartier créole historique au style architectural typique avec son mythique club de jazz Preservation Hall. Un peu plus loin, sur le Riverfront, coule la Mississippi River sur laquelle glissent les fameux bateaux à aubes.

La route des plantations entre La Nouvelle-Orléans et Bâton-Rouge ou Great River Road est bordée de vieilles demeures ayant appartenu aux propriétaires terriens exploitants d'esclaves. Parmi les plus connues : Oak Alley, avec son emblématique allée de chênes tricentenaires. Plus à l'ouest de La Nouvelle-Orléans, le pays cajun dévoile de petites villes authentiques de la région comme Lafayette, habitée par la communauté des Cadiens, descendants des Acadiens. Plus au sud se trouvent le fameux bayou et ses marais qu'on peut explorer en barque ou en canoë, à la découverte de la flore et de la faune, et où l'on peut croiser alligators, tortues et oiseaux colorés.

LE MARCHÉ DU RHUM DES ÉTATS-UNIS

- **C'est en 1664, à Staten Island, à New York**, que la distillerie de rhum a vu le jour dans un pays en pleine colonisation.
- **Le rhum a été l'un des premiers spiritueux produits sur les terres américaines** à base de mélasse importée des Caraïbes et d'Amérique du Sud.
- **Le rhum est resté longtemps populaire avant que la mélasse soit soumise à de lourdes taxes sur le sucre en 1764.** La population américaine se tourne alors vers le whisky et notamment vers le bourbon, beaucoup plus accessible en matière de goût. C'est le déclin de l'industrie du rhum.
- **Aujourd'hui, de nombreuses distilleries de rhum sont installées autour de Boston** du fait d'un passé très lié à ce spiritueux.
- **Les États-Unis ont produit 34 millions de tonnes de canne à sucre en 2022**, dont la moitié vient de la Louisiane, premier État producteur de canne à sucre du pays. Situé sur le Gulf Stream dans un climat subtropical, cet État du Sud-Est se caractérise par des températures très humides et chaudes (seulement trois mois d'hiver), propices à la culture de la canne à sucre.
- **Les Américains sont aujourd'hui les plus grands consommateurs du rhum exotique.**

CAP SUR SES PRODUCTEURS

BAYOU RUM : LA RENAISSANCE DU RHUM AUX ÉTATS-UNIS

C'est à Lacassine, un village de Louisiane situé à trois heures du Texas, dans une charmante bâtisse en briques rouges, qu'est née en 2011 la distillerie Bayou Rum, à l'initiative de trois amis.

Il a fallu deux ans de test pour que le premier rhum sorte des cuves en 2013. La production est orchestrée par le *master blender* Vicente Diaz, riche de vingt ans d'expérience dans le rhum. Celui-ci est né à Cuba et a grandi en République dominicaine. Le rhum Bayou est réalisé à partir de mélasse locale provenant du plus ancien producteur des États-Unis depuis 1925, MA Patout & Son. Les méthodes de production suivent un circuit bien spécifique : la mélasse est pasteurisée avant la fermentation longue de cinq jours pour ôter les bactéries. La mélasse fermentée est ensuite distillée dans des alambics pot still avec huit plateaux pendant quinze heures. Comme le rhum hispanique, les rhums sont vieillis en méthode solera dans d'anciens fûts de bourbon. Certains rhums sont affinés dans des fûts spécifiques comme des fûts de rye et de vin rouge de la région de la Napa Valley. Depuis 2018, la distillerie est sous le giron du groupe SPI Group (Stolichnaya).

LES DEUX CUVÉES PHARES

BAYOU XO, 40°, 70 CL

Ce rhum de mélasse de Louisiane élégant a été vieilli jusqu'à cinq ans en ex-fûts de bourbon et a bénéficié d'un affinage pendant un an dans un fût de sherry.

Au nez : des arômes fins et floraux associés à du bois de cèdre, des fruits à noyau et du bois de santal.

En bouche : on craque pour ses saveurs mêlées de miel, de fruits rouges et de bois.

BAYOU RESERVE, 40°, 70 CL

Si vous ne connaissez pas encore le rhum américain, ce Bayou Reserve vous promet de belles surprises gustatives. Bayou Reserve est un rhum vieilli en ex-fûts de bourbon jusqu'à quatre ans selon la méthode solera. Un bijou en cocktail.

Au nez : direction la Louisiane avec ses notes de vanille, de cannelle et de pomme.

En bouche : une explosion de gourmandise avec des notes d'amande, de vanille, de fruits rouges et de noix de pécan.

- Tour du monde du rhum -

Retour vers l'Europe

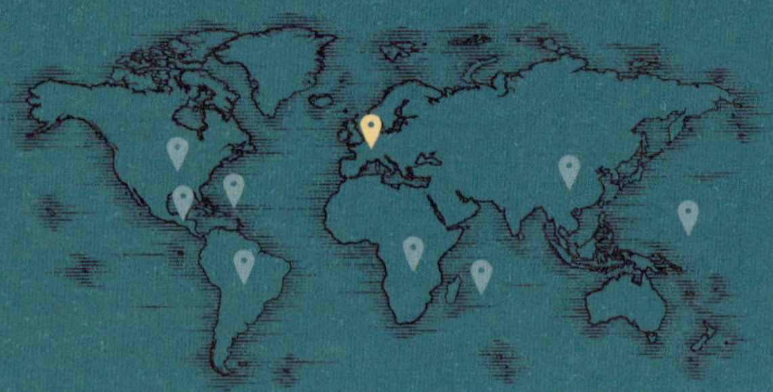

FRANCE

UNE BALADE DANS LE PAYS

Même si vous connaissez sûrement sur le bout des doigts la France métropolitaine, voici un rappel pour vous rafraîchir la mémoire sur ce pays riche d'un sublime terroir. Pourquoi la France est-elle la première destination touristique au monde ? Soyons un peu chauvins ! Ce territoire en forme d'hexagone qui a vu gouverner Charlemagne, Napoléon ou Charles de Gaulle est prisé pour ses paysages variés, allant des plages de la Côte d'Azur aux sommets des Alpes, en passant par les vignobles de Bordeaux et les châteaux de la vallée de la Loire. Et pas que... La France offre une multitude de centres d'intérêt pour les visiteurs nationaux et internationaux. D'abord, on s'intéresse à son vaste patrimoine culturel et à son histoire qui remonte à des millénaires, en naviguant entre châteaux, cathédrales et musées. Versailles, le Louvre et la tour Eiffel constituent le triangle des monuments historiques gagnants. Seconde qualité très appréciée par les fines gueules : la gastronomie, qui offre toutes sortes de sublimes victuailles telles que des spécialités régionales, des vins fins, des fromages délicieux et des pâtisseries somptueuses réalisées par des chefs étoilés. La mode, la mode, la mode... Paris est considérée comme sa capitale, sous la houlette de célèbres créateurs, Jean-Paul Gaultier, Yves Saint Laurent, Coco Chanel. Art et culture, deux autres mots qui symbolisent ce pays de l'Europe occidentale. Dans ce berceau de nombreux mouvements artistiques influents, tels que l'impressionnisme, les amateurs d'art peuvent profiter de galeries d'exposition, de festivals et de spectacles culturels tout au long de l'année. Le rhum y a aujourd'hui sa place, trônant sur les étagères de bars à cocktails et de belles tables. Voici l'art de vivre à la française.

LE MARCHÉ DU RHUM EN FRANCE

- **C'est le pays du vin, de la bière et du whisky**, mais le rhum se fait aussi une place dans le terroir de la métropole.
- **Les producteurs utilisent de la mélasse importée majoritairement d'Espagne du Sud**, où pousse la canne, et d'Asie. Ils la font fermenter et la distillent sur leurs sites de production.
- Grâce à leur savoir-faire, **les distillateurs français travaillent sur des rhums plus expérimentaux**.
- **Les embouteilleurs indépendants fleurissent dans toute la France dans un marché de plus en plus concurrentiel.** Ils embouteillent, assemblent, vieillissent dans toute une variété de fûts, dont certains de vins français, et affinent du rhum chassé dans le monde entier. Le pionnier en la matière est la marque Plantation de Maison Ferrand, à l'initiative d'Alexandre Gabriel. Celui-ci procède à un double vieillissement, tropical et continental.

CAP SUR SES PRODUCTEURS

BOWS : UNE DISTILLERIE EN PLEIN CŒUR DE L'OCCITANIE

Bows (Brave Occitan Wild Spirit) est l'histoire d'un homme passionné de techniques et de spiritueux.

En 2016, Benoît Garcia lâche son job dans le génie climatique pour monter sa distillerie à Montauban. Son objectif : gérer toutes les étapes de la production et travailler avec des acteurs locaux et en économie circulaire. Il se fait connaître auprès des professionnels et du public avec ses premiers whiskies avant de se lancer dans la production de spiritueux, de la « série expérimentale » (du gin au riz sauvage de Camargue et bien sûr du rhum). Benoît Garcia est obligé de déroger à sa règle des ingrédients locaux pour créer son rhum. Celui-ci travaille à partir de mélasse de Thaïlande. Pour chacun de ses rhums, cet excentrique producteur d'Occitanie s'emploie à réaliser une fermentation longue et une distillation élaborée à partir d'un alambic hybride en « mode colonne » inspiré de plans de machines datant du XIXe siècle primées au concours Lépine.

LES DEUX PRODUITS PHARES

RHUM BLANC HEOC (*HIGH ESTER OCCITANIE CURIOSITY*), 57°, 50 CL

Amateur de rhum grand arôme, cette cuvée est pour vous. Benoît Garcia s'est creusé les méninges pour créer en Occitanie un rhum de style jamaïcain. Celui-ci a été réalisé à partir de mélasse de Thaïlande, complétée de dunder et de vinasse. Il est inspiré du processus de production du pays des rhums high esters. La fermentation naturelle se déroule pendant trois semaines à un mois, boostée par des levures sauvages. La distillation est réalisée avec un alambic en mode colonne. Avant la mise en bouteille, le rhum est réduit lentement pendant un mois avec de l'eau de source de la montagne Noire. À déguster pur.

Au nez : des arômes puissants et surprenants animés d'un esprit sauvage, signature de la maison, et marqués par des notes végétales, médicinales et de fruits blancs.

En bouche : des saveurs explosives sur des notes de reggae qui réveillent le gosier avec une finale sur des notes fumées et de cuir.

RHUM VENIDOR, 45°, 70 CL

Ce rhum de mélasse thaïlandaise au drôle de nom (*venidor* signifie « futur lointain » dans le patois de la région) a été travaillé avec une fermentation à basse température avec des levures sélectionnées, distillé en alambic à colonne et réduit lentement pendant un mois avec de l'eau de source de la montagne Noire. Pour booster son profil aromatique, ce rhum a été élevé en fûts de vin blanc du cépage petit manseng.

Au nez : une escapade dans le Sud aux parfums de fruits exotiques et d'oranges confites.

En bouche : un périple gourmand parsemé de notes de fruits confits qui se termine par une belle fraîcheur.

MAISON FERRONI : LE PIONNIER DU RHUM FRANÇAIS BASÉ PRÈS DE MARSEILLE

Installée à Aubagne, près de Marseille, au château des Creissauds dans un site incroyable (vous y croiserez même un terrain de tennis), la distillerie est devenue depuis treize ans une figure incontournable des spiritueux de la région de Marseille, mais aussi de France.

Son fondateur, Guillaume Ferroni, a vécu plusieurs vies, dont celles de barman et de propriétaire du speakeasy Carry Nation à Marseille. Ce passionné de plantes s'est investi dans la fabrication de différents spiritueux dont son fameux pastis du château des Creissauds, des liqueurs anciennes, de la vodka, du whisky et du rhum avec des outils de production d'antan. D'abord assembleur, éleveur, embouteilleur, cet Indiana Jones des rhums est parti chasser à travers le monde, du Cap-Vert à l'Afrique du Sud, en passant par la Jamaïque, pour créer des cuvées aromatiques avec de l'esprit. Au fil des années, sa gamme de joyaux de canne à sucre s'est étoffée et elle est devenue le fer de lance de Maison Ferroni.

Depuis quelques années, cette tête chercheuse s'est attaquée à l'art de la distillation pour ses rhums. Une réussite ! À découvrir dans l'Atelier Ferroni destiné au grand public, basé près du port de Marseille.

LES DEUX CUVÉES PHARES

RHUM FERRONI FLAMANT 1re RÉCOLTE 2021, 60,4°, 50 CL

Passionné par son terroir, Guillaume Ferroni a lancé le premier rhum pur jus de canne en métropole. Ce rhum est le fruit d'une rencontre avec l'agriculteur Kevin Toussaint qui a cultivé une variété spécifique de canne à sucre à Hyères-les-Palmiers. Les cannes ont été broyées et leur jus a fermenté pendant onze jours dans la Drôme. La distillation a été réalisée à Aubagne dans un vieil alambic à repasse du XIXe siècle sous l'œil de l'expert des spiritueux marseillais.

Au nez : des arômes qui rappellent les îles avec la canne fraîche et le Sud avec leur côté légèrement iodé.

En bouche : une belle texture soyeuse et un bouquet de saveurs harmonieusement herbacées et iodées. Une belle expérience gustative !

RHUM FERRONI AMBRÉ, 40°, 70 CL

Si vous souhaitez découvrir l'univers de Guillaume Ferroni, voici la cuvée signature du maître distillateur et assembleur marseillais qui a trouvé sa source dans le style de rhum marseillais du XIXe siècle. Le rhum Ferroni Ambré est un assemblage de trois rhums en provenance de Trinidad et du Guyana pour la mélasse et de l'île Maurice pour le style agricole. Il a été assemblé à Aubagne, vieilli pendant douze mois en fûts de cognac et affiné six mois en fûts de rasteau.

Au nez : un rhum qui exprime avec élégance des arômes boisés et vanillés.

En bouche : une cuvée qui étonne par son attaque sèche. Le voyage gustatif se poursuit sur une belle rondeur autour de notes de grenache et de fruits rouges.

DISTILLERIE DE PARIS

Fondée en 2015 en plein cœur de Paris, planquée dans une cour du 10e arrondissement, cette distillerie ressemble à un laboratoire expérimental et créatif pour spiritueux où trône un rutilant alambic Holstein de 400 litres à neuf plateaux.

Cinq ans de démarches ont été nécessaires pour ouvrir légalement la distillerie. Son cofondateur, Nicolas Julhès, héritier de la célèbre épicerie familiale parisienne Julhès, est un amoureux des spiritueux, de la chimie et du goût. Après avoir développé de nombreuses recettes, cette belle matière grise a recentré aujourd'hui sa gamme autour d'un whisky, deux vodkas, trois gins et surtout deux rhums, Panela et Ambre. Pour créer ses deux cuvées originales, Nicolas Juhlès a travaillé différentes matières issues de la canne : la mélasse, le jus de canne à sucre et les dérivés de canne.

Aujourd'hui, ce petit génie des spiritueux s'attaque à de nouveaux univers : les eaux-de-vie de terroir distillées à Meursault et à la distillerie Los Primos à Cuba.

LES DEUX CUVÉES PHARES

DISTILLERIE DE PARIS PANELA, 43°, 50 CL

Vous trouverez rarement un rhum à base de panela parmi les producteurs. Encore un coup de Nicolas Julhès ! Le panela est un sucre solide issu de jus de canne frais, évaporé dans des réceptacles en pierre chauffés au feu de bagasse, réalisé dans un petit atelier artisanal.
Ses notes sont particulièrement végétales, épicées et florales. Le panela est hydraté et fermenté à Paris pendant sept à huit jours pour développer les esters aromatiques. La distillation est réalisée dans l'alambic Holstein, d'où sort un jus à 76° réduit à 65° et élevé dans des fûts neufs et roux de 100 litres spécialement produits par la tonnellerie Seguin Moreau pour Distillerie de Paris pendant deux ans. Le rhum réduit naturellement à 43°.

Au nez : des arômes qui riment avec élégance et complexité.

En bouche : des saveurs raffinées dévoilant des notes végétales, florales, épicées et boisées.

DISTILLERIE DE PARIS AMBRE, 43°, 50 CL

Cette création de la distillerie parisienne rend hommage à la mélasse. Celle-ci est mise en fermentation pendant huit jours en période hivernale pour développer l'intensité et la finesse du futur rhum. La distillation est réalisée dans l'alambic Holstein profilé pour donner des arômes de zan et de safran, d'épices et de mélasse. Le rhum blanc est ensuite réduit à 65° pour être élevé dans des fûts neufs et roux de 100 litres spécialement produits par la tonnellerie Seguin Moreau pour Distillerie de Paris pendant. Le rhum réduit naturellement à 43°.
Une phase essentielle pour conférer un certain style à ce rhum.

Au nez : un bouquet de parfums frais, floral et épicé hypnotisant.

En bouche : des saveurs qui dévoilent l'esprit de la mélasse avec des notes de réglisse, d'épices et de bois.

LES EMBOUTEILLEURS INDÉPENDANTS

LA COMPAGNIE DES INDES : L'UN DES PIONNIERS EN FRANCE

C'est l'un des premiers embouteilleurs indépendants sur les terres françaises, fondé en 2014.

Son fondateur, Florent Beuchet, a grandi dans le monde du vin et des spiritueux. Aujourd'hui coule dans ses veines la passion des beaux et bons liquides. Le nom de sa société s'inspire de la compagnie qui gérait le commerce avec l'Extrême-Orient pour le compte des pays européens afin d'obtenir les plus belles marchandises. Aujourd'hui, Florent Beuchet cherche à offrir le meilleur du goût à sa fidèle clientèle, entre single casks et assemblages avec des rhums rares ou inattendus. C'est une marque qui est exportée à travers le monde. Ses prix sont relativement accessibles pour des séries parfois très limitées.

LA CUVÉE PHARE

LA COMPAGNIE DES INDES GREAT WHITES JAMAÏCA, NEW YARMOUTH, 50°, 70 CL

C'est la nouvelle gamme de la Compagnie des Indes pour des palais aventureux ou avertis. Florent Beuchet a traversé l'Atlantique pour dénicher des rhums blancs aux arômes explosifs, de préférence avec des origines peu connues. C'est dans la célèbre distillerie Clarendon en Jamaïque que l'expert a trouvé ce rhum distillé en alambic pot still à partir de mélasse associée à du jus de canne à sucre, fermentés pendant deux à trois semaines.

Au nez : on devine sans hésitation des arômes de banane flambée, de fruits exotiques très mûrs et d'herbes.

En bouche : les notes d'épices, de banane, de fruits et de poivre explosent harmonieusement en bouche.

LA COMPAGNIE DES INDES, 13E ÉDITION, BOULET DE CANON, 46°

L'un des best-sellers parmi les bonnes trouvailles chassées dans le monde par Florent Beuchet. Le concept : apporter des arômes fumés de différentes façons. Ce rhum est un assemblage de rhums de mélasse du Nicaragua et du Panama vieillis entre trois et cinq ans en fûts de chêne. La touche secrète et explosive de La Compagnie des Indes : un affinage de huit mois dans des fûts de whisky tourbé avant un fumage au foin et une macération de 48 heures.

Au nez : de surprenantes notes sur la cendre, le caramel, et la viande grillée.

En bouche : des saveurs cendrées et gourmandes qui rappellent les vacances autour d'un feu de camp.

NAVI : UNE MARQUE DE RHUM DÉDIÉE À L'UNIVERS DU COCKTAIL

Lancée par deux experts du rhum, la jeune marque, fondée en 2021, a pour objectif de créer des assemblages de rhums gourmands et accessibles à déguster autour d'une table ou à mixer en cocktail.

Leur objectif : démocratiser l'univers du spiritueux exotique. Pour bien faire, Navi est composée d'une collection de deux rhums qui font appel à votre culture ésotérique. Leurs noms : Cassiopée et Andromède. Ces deux expressions sont le fruit d'un assemblage de plusieurs rhums provenant des Caraïbes (Barbade, Jamaïque et Martinique). Ils s'accordent parfaitement en dessert mais aussi sur des classiques du cocktail, le mai tai et le dark'n'stormy.

LA CUVÉE PHARE

CASSIOPÉE, RHUM VIEUX, 41,5°, 70 CL

Une cuvée qui fait honneur à la constellation. Ce rhum vieux est un assemblage de trois origines différentes et profils aromatiques distincts : la Barbade, la Jamaïque et la Martinique.

Au nez : une véritable invitation étoilée à la gourmandise, sur des arômes d'épices douces et de fruits cuits.

En bouche : les fans de desserts exotiques seront séduits par ses arômes de cannelé, d'épices douces, de banane flambée et d'ananas.

FAMILLE RICCI : UNE FAMILLE UNIE POUR DES RHUMS AUX ASSEMBLAGES ET AFFINAGES INÉDITS

C'est l'embouteilleur indépendant que tous les fans de rhum s'arrachent aujourd'hui.

Cap dans le Sud, à Mougins. Son fondateur, Morgan Ricci, s'est installé dans le domaine familial avec son épouse et son frère pour lancer sa structure en 2019. Cet ancien caviste et commercial spécialisé dans le monde du vin et des spiritueux a sillonné le monde, visité un paquet de distilleries et suivi une formation pointue à l'école des spiritueux de Segonzac avant de se lancer dans cette aventure. Le concept de Famille Ricci : créer des rhums avec une certaine complexité à travers des assemblages inédits mais aussi des élevages et finishs avec des distilleries de haute voltige. Un pari réussi ! La localisation de Famille Ricci en Provence permet au rhum au repos d'avoir une part des anges entre 6 et 9 % au lieu de 2 à 3 % à Cognac du fait des gros écarts de températures entre le jour et la nuit. Morgan Ricci et sa famille préparent de nouveaux projets : la création d'une distillerie et d'un musée à Mougins pour travailler sur d'autres catégories de spiritueux et former des professionnels.

LES DEUX CUVÉES PHARES

DYNASTY, 40°, 70 CL

La cuvée emblématique à découvrir pour vous initier à l'univers pointu de Famille Ricci. Ce rhum est un hommage au père de Morgan Ricci que l'on retrouve sur le packaging de cette bouteille élégante. Dynasty est un assemblage de quatre origines de rhums (Amérique du Sud, Asie, Océanie et Caraïbes) distillés en pot still et en colonne, vieillis pendant trois à sept ans sur leur terre d'origine et assemblés dans d'anciens fûts ayant contenu du bourbon, du cognac et du pineau blanc.

Au nez : on ne recherche pas ici la facilité. Les narines sont titillées par des arômes complexes dans un premier temps, exotiques puis briochés.

En bouche : on retrouve la même complexité de saveurs. D'abord la banane, ensuite les fruits exotiques, puis s'enchaînent des notes céréalières et de fruits secs.

7E SYMPHONIE, 49°, 70 CL

Un des best-sellers de l'embouteilleur indépendant. Cette cuvée insolite est un assemblage de rhums de Marie-Galante (30 %) et de la Barbade (70 %) distillés en pot still et en colonne, élevés pendant un an pour le premier et quatre ans pour le second dans différents types de fûts : fûts neufs de chêne américain, chêne noir, Amburana, mizunara, acacia et acajou.

Au nez : des arômes pour un aller-retour dans les Caraïbes autour de la canne, de la noix de coco et la vanille.

En bouche : un vol direct pour les îles des Antilles avec des saveurs complexes et une texture soyeuse autour de notes de marmelade, de citron associé au bois, de sucre roux et d'épices.

MADÈRE

UNE BALADE DANS LE PAYS

Madère, située en plein océan au large des côtes marocaines, est appelée la « perle de l'Atlantique ». Cette île portugaise regorge de paysages époustouflants, de villages charmants, de plages de sable doré ou gris et d'une culture des plus intéressantes. Les amoureux de la nature seront comblés par ses montagnes majestueuses. Le Pico Ruivo, le point culminant de l'île, offre des randonnées splendides avec des vues panoramiques sur l'océan. Les levadas, anciens canaux d'irrigation qui sillonnent l'île, sont bordés de sentiers de randonnée pittoresques à travers des paysages luxuriants et des forêts de lauriers. Les nombreux jardins de l'île sont de véritables merveilles, en particulier le jardin botanique de Funchal qui abrite une incroyable variété de plantes exotiques, tout comme le parc tropical Monte Palace, avec ses espaces agrémentés d'étangs et de cascades. Les jardins de la Quinta do Palheiro Ferreiro offrent une ambiance romantique et une vue imprenable sur l'océan. Pour les passionnés d'histoire et de culture, Funchal, la capitale de Madère, regorge de charme avec ses ruelles pavées, ses bâtiments colorés et son marché animé. La cathédrale de Funchal et le fort de São Tiago font partie des sites historiques incontournables à visiter. Côté gastronomie madérienne, les fruits de mer frais sont très présents, accompagnés du bolo do caco (pain traditionnel). Très réputé, le vin de Madère, dont les vignobles se trouvent sur les collines de l'île, est un plaisir des sens, tout comme, bien sûr, le rhum local.

LE MARCHÉ DU RHUM DE MADÈRE

- **C'est l'une des cinq régions du monde à produire un « rhum agricole » sous appellation** avec la Martinique, la Guadeloupe, la Guyane et La Réunion. Qu'est-ce qui différencie Madère des Antilles ? Un climat bien plus doux.
- Depuis 2011, le rhum de Madère bénéficie de la mention « indication géographique » et de l'appellation « rhum agricole ». Depuis, **le marché offre des produits de plus en plus qualitatifs**.
- **La culture de la canne à sucre a débuté en 1425 avant d'investir d'autres continents.** Elle devient l'une des premières activités économiques du pays. Au XVIe, Madère compte un minimum de trente-quatre sucreries. Aujourd'hui, il y a seulement cinq distilleries en activité.
- **La période de récolte de la canne à sucre est relativement courte** puisqu'elle se déroule de mars à mai. La fermentation s'étend sur un maximum de quarante-huit heures et la distillation est réalisée en alambic à colonne.
- **Le rhum de Madère s'est popularisé à travers la mixologie grâce à la poncha**, un cocktail iconique : une base de sucre, ou de miel de canne, et de jus d'agrumes.
- Au printemps est organisé le **Madeira Rum Festival**, un événement présentant un intéressant panorama des rhums de l'île de Madère autour d'une série de masterclass.

CAP SUR SES PRODUCTEURS

O REIZINHO :
LA NOUVELLE GÉNÉRATION DE PRODUCTEURS DE L'ÎLE DE MADÈRE

Voici la plus charmante et petite distillerie de la perle de l'Atlantique, basée sur la côte sud-est.

Fondée en 1982 par le grand-père de Florentino Ferreira comme une activité secondaire, la distillerie a pris un vrai tournant à partir de 2012 grâce à la passion de ses héritiers pour le rhum et à leur motivation.

Le nom d'O Reizinho (« petit roi ») rend hommage à son arrière-grand-père, un homme à la vie exemplaire qui décéda à 94 ans et eut quatorze enfants. Les rhums agricoles artisanaux d'O Reizinho ont rapidement conquis le palais des autochtones pour leur qualité aromatique. Pour la première année d'activité, 10 tonnes de canne à sucre ont été utilisées. En 2023, le chiffre s'élève à 300 tonnes. Côté méthode de fabrication, la distillerie exploite le jus de canne à sucre, pressée à la main dans un petit moulin. Celui-ci fermente pendant deux à trois jours, puis est distillé dans un alambic portugais hybride relativement différent des alambics traditionnels. Dans le respect de l'appellation IG, Florentino Ferreira et son fils Pedro, maître distillateur, font appel à des fermiers locaux producteurs de canne à sucre. Six variétés de cannes sont travaillées pour le rhum. L'entreprise a déjà été couronnée de plusieurs récompenses.

LES DEUX PRODUITS PHARES

RHUM BLANC MILLÉSIME 2015 D'O REIZINHO, 45°, 70 CL

Les amateurs de rhum blanc commenceront par cette cuvée pour découvrir tout l'univers aromatique d'O Reizinho. Ce rhum a été distillé en 2015 puis a reposé et été réduit pendant trente-six mois avant d'être embouteillé en 2019.

Au nez : une bonne dose d'arôme exotique de canne fraîche qui chatouille les narines.

En bouche : un délicieux voyage aromatique autour de la canne, des fruits exotiques, de l'amande et des agrumes.

RHUM O'REIZINHO CASK STRENGTH 6 ANS, 52,6°, 70 CL

Voici l'un des plus anciens rhums agricoles de la jeune distillerie, vieilli pendant six ans en fûts de Madère. Une cuvée qui reflète le savoir-faire de la maison et le terroir de l'île.

Au nez : on se laisse hypnotiser par ses arômes de canne, d'épices et de cacao.

En bouche : ce rhum tient sa promesse avec un surprenant bouquet de saveurs de canne fraîche, d'épices, de cacao et de notes subtilement boisées.

WILLIAM HINTON :
UNE BELLE RENAISSANCE

Totale résurrection pour cette distillerie née en 1845 à l'initiative de l'entrepreneur britannique William Hinton, séduit par l'île de Madère dans une période en pleine expansion.

La distillerie William Hinton s'imposa rapidement dans un univers du rhum encore peu concurrentiel au début du XXe siècle. À partir de 1930, 600 tonnes de canne sont transformées par an. En 1986, la distillerie a malheureusement fermé ses portes. Les héritiers de la famille Hinton, fondateurs d'Engenho Novo da Madeira, née en 2006, lui donnent une seconde chance et rapatrient la petite colonne de distillation en cuivre d'origine restaurée en 1969 et 2007. Le rhum agricole William Hinton se caractérise par une fermentation courte de vingt-quatre heures et des affinages subtils en ex-fûts de spiritueux pour booster le profil aromatique de ses single casks.

LES DEUX CUVÉES PHARES

WILLIAM HINTON WHITE, 40°, 70 CL

Une cuvée qui rend hommage à la distillerie née en 1845. Ce rhum agricole blanc a été réalisé à partir de canne à sucre cultivée sur l'île et distillée dans le fameux alambic à colonne.

Au nez : on part pour une balade aromatique autour de l'île avec des arômes de canne fraîche, de banane et d'ananas.

En bouche : on apprécie ce rhum pour sa belle fraîcheur et sa « minéralité ».

WILLIAM HINTON SINGLE CASK PORT WINE FINISH, 42°, 70 CL

Une cuvée qui montre l'une des spécialités de la distillerie Engenho Novo da Madeira : l'affinage en fûts de spiritueux. Cette expression est un assemblage de rhums de l'ancienne et de la nouvelle distillerie vieillis en fûts de chêne français pendant six ans. Ce single cask a bénéficié d'un affinage en fûts de porto pendant neuf mois.

Au nez : des arômes qui s'ouvrent vers des univers gourmands autour des épices, du pruneau, du porto et du bois.

En bouche : une belle complexité marquée par des notes boisées et gourmandes autour de fruits exotiques, de cannelle, d'abricots, de raisins secs et de porto qui séduiront les amateurs de rhum en quête de nouvelles sensations.

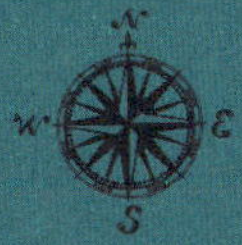

- SUR LA ROUTE DES RHUMS -

CAP SUR LE MONDE DU COCKTAIL

- MIXÉ AVEC DU RHUM -

TRÉSOR DE SAVEURS

LE PARFAIT COMPAGNON DE VOYAGE

Mojito, daiquiri, mai tai, voici des cocktails qui invitent au voyage rien qu'en prononçant leurs noms exotiques. Martinique, Guadeloupe, Barbade, Jamaïque, Venezuela, Thaïlande, le périple à des milliers de kilomètres de la France se poursuit en dégustant quelques gorgées de la boisson commandée. Bienvenue sur la planète des cocktails au rhum ! Cet alcool historique est un spiritueux plébiscité par les barmen pour son riche profil aromatique et sa versatilité. Vous ne verrez pas un seul bar sans un ou deux cocktails à base de rhum agricole ou de style hispanique ou anglo-saxon. Les marques l'ont bien compris et produisent aujourd'hui des spiritueux de canne à sucre sophistiqués et adaptés aux exigences des barmen : des profils légers ou ultra-aromatiques, des « jus » à haut degré d'alcool, et des rhums faciles à mixer. Pourquoi ne pas faire comme nos amis barmen à la maison ?

LES BONS INGRÉDIENTS À CHASSER POUR CRÉER DES COCKTAILS CHEZ SOI

Réaliser ses cocktails chez soi est devenu un vrai phénomène en France. Ateliers, recettes en ligne, magazines, ouvrages spécialisés, le monde du cocktail n'est plus réservé au titulaire d'un diplôme avec mention bar. Une bonne dose de passion et de motivation mélangée à quelques centilitres de règles rudimentaires à connaître, et vous êtes prêt à préparer votre bar à rhum pour régaler votre conjoint, vos amis et vous-même avec une boisson mélangée hautement dépaysante et bien calibrée.

LES RHUMS

- Un rhum blanc agricole à minimum 50° : indispensable pour un ti-punch, un rhum arrangé et autres classiques twistés avec des saveurs de canne fraîche.
- Un rhum blanc et un rhum vieux cubain : obligatoires pour tous les cocktails créés à La Havane qui demandent d'associer un rhum léger.
- **Un rhum vieux agricole et hispanique :** un bijou très expressif pour un old fashioned.
- **Un rhum vieux lourd de type jamaïcain :** souvent utilisé pour réaliser des tikis.
- **Un rhum épicé :** l'ingrédient indispensable pour un highball complété de *ginger beer* et d'eau gazeuse. N'oubliez pas d'ajouter un trait de citron vert pour apporter l'équilibre à votre highball.
- **Un rhum d'une autre origine :** pour réaliser des cocktails expérimentaux à votre convenance.

LES AUTRES SPIRITUEUX

- **Un triple sec :** une liqueur d'écorces d'orange pour travailler le cocktail tiki mai tai.
- **Une liqueur de marasquin :** une liqueur issue de la distillation de noyaux d'une cerise amère, la marasque, pour élaborer le cocktail mary pickford.

LES EXHAUSTEURS DE GOÛT

- **Angostura bitter :** indispensable pour booster le profil aromatique du old fashioned.

LES MIXERS

- ***Ginger beer* :** la boisson pétillante et épicée à base de gingembre qui se mixe avec les rhums vieux.

LES FRUITS

- **Les agrumes :** les citrons jaunes et verts qui apportent l'acidité et l'équilibre au cocktail.
- **L'ananas et autres fruits exotiques** (mangue, fruit de la passion…) **:** des jus à mixer avec tout un panel de tikis.

LES AROMATES

- **La menthe :** l'ingrédient de base pour le mojito pour apporter de la fraîcheur et décorer de nombreux cocktails. Choisissez-la bien fraîche (elle se conserve dans un essuie-tout humide au réfrigérateur pendant deux jours).

LES ÉPICES

- **La cannelle :** pour donner du peps à certains tikis et pour le décor.
- **Le gingembre, le clou de girofle, le quatre-épices, la noix de muscade :** pour réaliser son sirop de falernum maison, un ingrédient utilisé pour les cocktails tiki.
- **La glace :** *THE INGREDIENT* qui sert pour agiter, mixer et rafraîchir un cocktail (glace cube ou pilée). Gardez toujours en stock des bacs à glace. Il existe des sachets de 2 kilos. Les entreprises spécialisées livrent également pour les particuliers de la glace pure, comme chez les pros.

LES USTENSILES

- **Un shaker Boston :** il est composé de deux parties, une en verre et une en inox. C'est le shaker des barmen. Attention à bien le sceller avant d'agiter, sinon gare aux éclaboussures !
- **Un shaker continental :** c'est le shaker équipé d'un filtre facilement disponible en grande surface, mais pas toujours le plus simple à utiliser et à laver après usage.
- **Un verre à mélange :** il permet de mélanger parfaitement un cocktail en évitant trop de dilution avec la glace. Son volume est généralement de 45 à 70 cl.
- **Un doseur ou *jigger* :** cet objet ressemble à une bobine et il est utilisé pour mesurer précisément vos ingrédients. Si vous ne voulez pas vous donner la migraine avec un *jigger* en onces, la mesure américaine (1 oz égale à 3 cl), privilégiez le modèle de doseur de base en centilitres (5 cl pour la partie supérieure et 2,5 cl pour la partie inférieure).
- **Une cuillère à mélange ou *bar spoon* :** l'objet qu'on ne quitte pas. Cette cuillère à grande tige fait 30 cm et permet de mesurer un volume de 5 ml environ.
- **Une passoire à glaçon ou *strainer* :** elle permet de filtrer toutes vos préparations lorsque vous versez votre cocktail dans le verre.
- **Un couteau de cuisine :** il servira pour couper vos fruits, vos zestes d'agrume et pour bien d'autres étapes de votre cocktail.
- **Un blender ou mixeur :** électrique, bien sûr, il est très utile pour créer une texture particulière, former une belle mousse, et il permet également de servir de grandes quantités en une fois. Il est nécessaire pour un certain nombre de recettes historiques de cocktails au rhum.

UN SPIRITUEUX QUI A VOYAGÉ DANS LE TEMPS

LES ANNÉES 1920

L'INFLUENCE DE L'ÉCOLE DES *CANTINEROS* À CUBA

Daiquiri, mojito… voici des cocktails qui font figure de stars dès que le temps est de nouveau *muy caliente* ! Connaissez-vous l'histoire de ces boissons rafraîchissantes aux doux noms qui fleurent bon les palmiers et la mer turquoise ? Pour en savoir plus, décollons vers Cuba, plus précisément à La Havane, pour un voyage dans le temps dans les années 1920.

Le pays a enfin gagné son indépendance après le départ des forces armées des États-Unis en 1902, sous un soleil éclatant. L'esclavagisme n'assombrit plus le quotidien des Cubains depuis des dizaines d'années. Les maisons à l'architecture coloniale affichent de belles couleurs. Le rythme festif de la salsa anime les bars. La capitale de l'île des Caraïbes a enfin des allures de paradis tropical pour les touristes américains qui viennent échapper quelques heures aux affres de la prohibition. Les premiers hôtels de luxe ont ouvert leurs portes pour accueillir cette clientèle étrangère avide de se délecter d'une culture plus exotique. Comme aux États-Unis, l'univers des cocktails était déjà bien développé en passant d'abord par Santiago puis La Havane, avec des conditions climatiques très différentes. En 1915, le premier livre de cocktails cubains, signé par John B. Escalante, est publié. Une première date à marquer d'une croix blanche ! Sous des températures tropicales, les gorges assoiffées se désaltèrent autour de long drinks rafraîchissants et légers, mélangés avec de l'alcool (pas forcément du rhum) et de l'eau gazeuse.

C'est grâce aux visites de plus en plus fréquentes d'une faune américaine au palais affiné qu'une nouvelle ère de la mixologie cubaine voit le jour. La diaspora des barmen américains, fuyant les heures noires aux États-Unis, se développe dans la capitale avec des figures du shaker qui viennent apporter leur savoir-faire et leur expertise.

Les grands classiques américains se tropicalisent grâce au terroir qui offre de nouveaux ingrédients : le citron vert, la menthe, l'ananas et la grenadine. Le mint julep devient le mojito, le sour, le daiquiri. L'une des figures les plus connues, Eddie Woelke, vient former, aux côtés de son confrère Fred Kaufman, les jeunes talents du bar cubain à l'hôtel Sevilla, dans le giron d'un groupe américain. Le propriétaire et chef barman catalan du Floridita, Constantino Ribalaigua Vert, qui remet au goût du jour le daiquiri version *frozen* (un cocktail popularisé par Ernest Hemingway) participe à ce phénomène de partage.

Pour encadrer ce nouveau dynamisme du cocktail à La Havane, plusieurs barmen cubains se regroupent pour créer en 1924 le Club de Cantineros, avec pour ambition d'organiser des événements fédérateurs et des formations pour les talents émergents. En 1924, un premier ouvrage est publié avec une cinquantaine de recettes. En 1930, le deuxième opus s'étoffe avec près de trois cents recettes. Toute une aura rayonnait autour de ces *cantineros* qui attiraient une foule d'amateurs grâce à leur élégance et à leurs élixirs rafraîchissants et doucement sucrés, à l'image de la nouvelle génération de barmen japonais d'aujourd'hui, plébiscités pour leurs techniques et leur art de la discrétion. L'arrivée de la révolution de Fidel Castro en 1959 a contraint le club à fermer ses portes, mais son empreinte reste à jamais gravée dans la culture cocktail cubaine, sous l'influence des poids lourds Havana Club et Bacardi.

LES ANNÉES 1930

LA FOLIE DE LA CULTURE TIKI AUX ÉTATS-UNIS

La culture tiki est née comme une solution à la morosité qui s'était installée aux États-Unis dans l'entre-deux-guerres, piochant à tout-va dans ce qui se faisait de plus « exotique » autour du globe.

Les créateurs de la culture tiki se sont d'abord attaqués à la littérature. Il était souvent question de tribulations d'un explorateur qui se serait échoué en Polynésie, accueilli par des vahinés… Le style rencontrant du succès, il s'est propagé au tourisme et en particulier à l'hôtellerie, pour atteindre ensuite la cuisine…

Qu'en est-il des cocktails ? Deux ténors du tiki se sont disputé le trône des cocktails tropicaux durant la première moitié du XXe siècle. Il s'agit de Don the Beachcomber et Trader Vic. Don the Beachcomber en est vraiment l'instigateur et a multiplié les voyages dans les Caraïbes. À la suite de cette expérience, il a souhaité apporter sa pierre – ou plutôt son bambou – à l'édifice du tiki. Ernest Raymond Gantt, de son vrai nom, a rapporté ce qui se faisait « de mieux » dans les Caraïbes et a décidé de le « pimper ». On s'appuie donc sur la trinité caribéenne composée de rhum, de citron vert et de sucre – dans des proportions différentes selon les pays –, et on vient ajouter par-dessus des couches de complexités dans les catégories de l'alcool, de l'acide et du sucre. Concrètement, le simple jus de citron vert deviendra un assemblage d'orange, d'ananas (pour le painkiller par exemple) et éventuellement d'autres jus de fruits. Le sucre blanc deviendra du sirop de cannelle, du sirop de falernum, du sirop d'orgeat, etc. Pour finir, le simple rhum provenant d'un seul « coin » deviendra un assemblage de rhums jeunes et vieux d'origines multiples et variées. Des sortes de « super-cocktails » pour ceux qui considèrent l'exubérance et la démesure comme des mantras.

D'ailleurs, les Américains n'hésitaient pas à faire la queue pendant des heures dans l'espoir de se poser dans l'un de ces lieux mythiques pour se délecter d'un zombie (onze ingrédients…) ou d'un mai tai. Les cocktails tiki sont devenus tellement populaires que les barmen des établissements à succès étaient débauchés directement sur leur lieu de travail. Au-delà d'un certain talent, d'une appétence ou d'une gestuelle, on en voulait surtout aux recettes qu'ils exécutaient ! Oui, car la majorité d'entre eux était en fait des seconds couteaux.

On attribue bon nombre de recettes à succès – qui ont perduré dans le temps – à Donn Beach et Trader Vic (le père du mai tai). Dès lors, les maîtres du tiki ont « dû » créer un codex afin de se prémunir du vol (propriété intellectuelle, quand tu nous tiens…). Celui de Donn était particulièrement retors et impliquait un langage codé que lui seul connaissait entièrement. Mais ce n'est pas tout, il répartissait les tâches à réaliser (de la préparation des ingrédients à la réalisation des recettes) entre des employés qui ne pouvaient pas communiquer entre eux.

D'ailleurs, Jeffrey « Beachbum » Berry, « l'Indiana Jones du tiki », historien-chercheur à ses heures perdues depuis plusieurs décennies, l'explique très bien dans ses différents ouvrages (*Sippin' Safari*, en particulier). Et il ne s'est pas contenté de ça, il a également « cassé le code », c'était un hacker avant l'heure. C'est donc grâce à lui que nous avons, plus d'un demi-siècle après sa création, la recette historique du zombie, entre autres.

Les cocktails tiki ont longtemps été servis dans des verres « classiques » (des verres en verre). Ce n'est qu'après un certain temps qu'est apparue la verrerie tiki faite de céramique colorée représentant souvent toutes sortes de divinités polynésiennes.

LES DIX CLASSIQUES
À MAÎTRISER SUR LE BOUT DU SHAKER

Pour certaines astuces, nous avons demandé les conseils de Baptiste Bochet, de Colada Cocktails, qui anime des ateliers cocktails spécialisés dans le tiki et les cocktails au rhum (cocréés avec le maître français du tiki, Guillaume Leblanc). Vous pouvez trouver plus d'informations sur ses ateliers sur colada.fr.

1 • CUBA LIBRE

Ce n'est pas le cocktail le plus plébiscité par les amateurs de rhum, mais il symbolise un moment fort de l'histoire de Cuba puisqu'il est né au moment de la guerre d'indépendance du pays (1895-1898). L'armée américaine expulse les Espagnols de Cuba. Les soldats yankees avaient pris pour habitude de boire le rhum local avec du citron vert et du coca importé de leur pays. Pour la petite légende, un capitaine américain aurait commandé ce cocktail et porté un toast en clamant à son entourage : « *Por Cuba libre !* » Ce cocktail a été popularisé par l'acteur sulfureux Errol Flynn dans les années 1930 aux États-Unis. C'est pendant la période de la prohibition que le cuba libre est apparu sur les cartes de cocktails. Pour l'anecdote, ce cocktail était l'une des boissons mises en valeur par l'acteur Tom Cruise qui jouait au barman beau gosse dans le film culte *Cocktail* sorti en 1988, à l'aube du revival de la mixologie.

INGRÉDIENTS

- 60 ml de rhum blanc cubain
- 120 ml de coca
- 2 cl de jus de citron vert

RÉALISATION

Dans un verre highball, versez tous les ingrédients puis complétez avec beaucoup de beaux glaçons. Mélangez pendant quelques secondes à l'aide d'une cuillère à mélange.

Astuce : vous pouvez remplacer le rhum blanc par un rhum vieux cubain si vous recherchez des saveurs plus douces et boisées.

ASTUCE DE BAPTISTE, DE COLADA COCKTAILS

« Je vous recommande les rhums lourds jamaïcains ou guyanais pour ajouter du peps à votre cuba libre (et pourquoi pas faire un mix jamaïcain et martiniquais). »

2 • MOJITO

Il est encore l'objet de nombreuses critiques, mais il reste le cocktail le plus consommé par les Français. Ce long drink à cinq ingrédients n'est pas si simple à réaliser malgré les apparences. Pour la petite histoire, le mojito serait né au XVIe siècle pour rendre hommage au corsaire anglais Francis Drake qui serait parti explorer et surtout piller les terres cubaines. Celui-ci aimait se désaltérer avec du tafia mélangé à des feuilles de menthe. Dans les années 1920, le mojito est devenu la boisson nationale à Cuba. On doit sa popularité mondiale à l'écrivain américain Ernest Hemingway qui aimait le siroter pendant ses différents séjours sur cette île des Caraïbes. C'est dans les années 1990 que le mojito a envahi les terrasses ensoleillées grâce à l'impulsion des mastodontes du rhum Havana Club et Bacardi.

INGRÉDIENTS

- 60 ml de rhum blanc cubain
- 2 cuillerées à café de sucre blanc
- 30 ml de jus de citron vert
- 90 ml d'eau gazeuse
- 8 feuilles de menthe

RÉALISATION

Mettez les feuilles de menthe lavées dans un verre highball, ajoutez le sucre en poudre et le jus de citron vert et écrasez le tout délicatement à l'aide d'un pilon. Ajoutez les glaçons à la moitié du verre et le rhum. Mélangez délicatement avec une cuillère à mélange pendant quelques secondes. Complétez avec l'eau gazeuse.

Astuce de Baptiste, de Colada Cocktails

« Ne déchiquetez pas les feuilles de menthe pour éviter de faire ressortir la chlorophylle. Elle risquerait de donner un goût amer au mojito. »

3• DAIQUIRI

Qui aurait imaginé que ce cocktail cubain a été conçu, selon la légende, par l'ingénieur américain Jennings Cox qui œuvrait dans une mine proche de Santiago pendant le conflit américano-hispanique ? La recette est ensuite exportée dans les lieux festifs de New York. Mais c'est Constantino Ribalaigua Vert, figure du bar cubain et chef barman du Floridita, qui remet au goût du jour le daiquiri en le mixant au blender et sur d'autres variations. Ernest Hemingway devient le premier fan de cette recette revisitée.

INGRÉDIENTS

- 40 ml de rhum blanc cubain
- 20 ml de jus de citron vert frais
- 10 ml de sirop de canne à sucre

RÉALISATION

Mettez tous les ingrédients dans un shaker rempli de glace aux trois quarts. Secouez énergiquement le shaker pendant quelques secondes. Filtrez et versez dans un verre à martini.

Astuce : vous pouvez remplacer le sirop de canne à sucre par un sirop aromatisé aux fruits selon vos envies et la saison.

4 • DARK'N'STORMY

Ce grand classique du cocktail est la seule boisson mélangée dont la recette ait été déposée par une marque de rhum à la fin des années 1970 aux États-Unis. Impossible de commercialiser un verre de ce cocktail rafraîchissant et aromatique sans ce rhum des Bermudes né en 1857.

INGRÉDIENTS

- 60 ml de rhum Gosling's
- 15 ml de jus de citron vert frais
- 90 ml de *ginger beer*

RÉALISATION

Dans un verre highball rempli à moitié de glaçons, mettez le jus de citron vert et le rhum. Terminez par la *ginger beer* et mélangez délicatement avec un verre à mélange. Décorez d'une tranche de citron vert.

Astuce : pour donner une touche d'agrume supplémentaire au cocktail, vous pouvez ajouter quelques millilitres de liqueur Mandarine Napoléon.

5 • MAI TAI

Ce tiki mythique est, officiellement, une création de l'un des grands maîtres de la catégorie, Victor Jules Bergeron alias Trader Vic. Officieusement, les deux chefs de file du tiki, Trader Vic et Don the Beachcomber, se sont battus devant les juges pour revendiquer chacun la paternité du mai tai. Trader Vic imagina cette combinaison fruitée et rafraîchissante à base de rhum, de curaçao et de sirop d'orgeat pour un couple d'amis tahitiens, Ham et Carrie Guild, dans son restaurant à Oakland, en Californie. La femme s'exclama, en dégustant le cocktail : « *Maita'i roa ae !* », ce qui signifie « excellent ». À l'origine, la recette était mixée à partir du rhum vieux jamaïcain Wray et Nephew 17 ans, mais l'entreprise stoppa la distribution. Ce seigneur du tiki retravailla la recette avec un rhum vieux jamaïcain et un rhum ambré martiniquais pour obtenir le même profil aromatique. La version finale du cocktail daterait de 1944.

INGRÉDIENTS

- 30 ml de rhum vieux jamaïcain
- 30 ml de rhum ambré martiniquais
- 30 ml de jus de citron vert
- 7,5 ml de sirop de sucre
- 7,5 ml de sirop d'orgeat
- 15 ml de curaçao (triple sec)

RÉALISATION

Mettez tous les ingrédients dans un shaker rempli de glace pilée (ou de glaçons cubes) aux trois quarts. Secouez énergiquement le shaker pendant quelques secondes. Versez dans un verre rocks sans filtrer au préalable. Décorez le verre avec un quartier de citron vert et un bouquet de menthe.

ASTUCE DE BAPTISTE, DE COLADA COCKTAILS

« N'utilisez surtout pas de curaçao bleu ! Le rhum ambré martiniquais de la recette originale était un rhum de mélasse et non un rhum agricole : utilisez du Negrita sans complexe pour retrouver le goût original du cocktail. »

6 • MARY PICKFORD

Certains cocktails du répertoire de la mixologie rendent hommage à certaines stars du septième art des années 1920-1930. Mary Pickford en est le parfait exemple. Cette vedette canadienne du cinéma muet et productrice à Hollywood était l'épouse du célèbre acteur et réalisateur Douglas Fairbanks. Selon la légende, le couple aurait séjourné un week-end à l'hôtel National (haut lieu du cocktail) à Cuba vers 1922-1923. Cette recette glamour et fruitée aurait été créée par le chef barman Fred Kaufman.

INGRÉDIENTS

- 40 ml de rhum blanc cubain
- 5 ml de liqueur de marasquin
- 40 à 60 ml de jus d'ananas
- 7,5 ml de sirop de grenadine

RÉALISATION

Mettez tous les ingrédients dans un shaker rempli de glace aux trois quarts. Secouez énergiquement le shaker pendant quelques secondes. Filtrez et versez dans un verre à martini ou dans une petite coupe à cocktail.

Astuce : le sirop de grenadine était un ingrédient très tendance au début du xxe siècle pour les barmen. Pour ce cocktail, confectionnez vous-même votre propre sirop, votre cocktail mary pickford sera bien meilleur (500 ml de jus de grenade, 250 g de sucre et 20 ml de jus citron jaune à faire bouillir et réduire pour obtenir un sirop épais).

7 • OLD FASHIONED

C'est le classique du cocktail par excellence qui s'adapte à toutes les catégories de spiritueux pour sublimer leurs saveurs aromatiques. S'il est souvent associé à l'utilisation de whisky américain, il a également été travaillé dans le passé avec du rhum de mélasse. Le old fashioned correspond à la plus ancienne définition du mot « cocktail » apparue en 1806 aux États-Unis : « une liqueur stimulante composée de n'importe quel alcool fort, de sucre, d'eau et d'amer ». Ce cocktail puissant est revenu sur le devant de la scène grâce au personnage de Don Draper dans la série *Mad Men*, qui le consommait avec du whisky.

INGRÉDIENTS

- 50 ml de rhum vieux de votre choix
- 1 morceau de sucre
- 1 zeste d'orange
- 2 traits d'Angostura bitter

RÉALISATION

Dans un verre rocks, mettez le morceau de sucre au centre du verre et versez d'un coup l'Angostura bitter. Laissez imbiber avec quelques gouttes d'eau. Écrasez le sucre au pilon et ajoutez le rhum et 4 à 6 cubes de glace. Mélangez délicatement à l'aide d'une cuillère à mélange. Exprimez délicatement le zeste d'orange au-dessus du verre et ajoutez-le dans le verre.

Astuce : vous pouvez remplacer le morceau de sucre par du sirop d'agave ou du sirop de sucre de canne pour une meilleure dilution.

8 • PIÑA COLADA

Longtemps mal-aimée parmi les cocktails au rhum, la piña colada est aujourd'hui une boisson de plus en plus revisitée par les barmen qui jouent sur des blends de rhums ou des clarifications pour donner une version plus légère ou corsée à ce long drink né au XIXe siècle, à l'initiative d'un corsaire portoricain. On trouve ses premières traces (en version rudimentaire) dans le Travel Magazine en 1922. Celle-ci revient sur le devant de la scène dans les années 1950. La raison ? L'invention de la crème de coco à Porto Rico. Plusieurs barmen revendiquent la paternité de la piña colada, comme celle de nombreux cocktails : Ramon « Monchito » Marrero Pérez, du Caribe Hilton de Porto Rico, Don Ramon Portas Mingot, barman d'un bar-restaurant du Vieux San Juan à Porto Rico, et Ricardo Luis Malave García alias El Juego, barman espagnol. Qui est le vrai auteur ? Ramon « Monchito » Marrero Pérez, qui a créé la version finale de ce cocktail en 1954.

INGRÉDIENTS

- 60 ml de rhum blanc léger de mélasse (Don Q ou Havana Club)
- 180 ml de jus d'ananas
- 30 ml de crème de coco
- 30 ml de crème fraîche entière liquide
- 150 g de glaçons ou de glace pilée

RÉALISATION

Mettez les ingrédients dans un blender. Ajoutez la glace pilée. Allumez votre blender et laissez le mixer pendant vingt secondes. Décorez d'un morceau d'ananas ou d'une cerise au marasquin (marque Luxardo).

Astuce : vous pouvez utiliser un trait de sirop épicé, type sirop de cannelle, pour ajouter des notes explosives à votre cocktail. Idéal à l'approche des fêtes de fin d'année !

9 • RHUM ARRANGÉ

Le rhum arrangé est une boisson à base de rhum dans laquelle macèrent, pendant plusieurs semaines, voire plusieurs mois, fruits, épices et aromates. Cette recette est très ludique puisque vous pouvez associer différents ingrédients selon les goûts. Attention, quelques règles sont à respecter pour le temps de macération : trois mois pour les fruits, deux semaines pour les agrumes et six mois pour les épices.

INGRÉDIENTS

- 1 litre de rhum blanc agricole entre 40 et 50°
- 10 cl de sirop de canne à sucre
- Fruits frais (banane, orange, framboise, citron vert, ananas)
- Épices (cannelle, poivre)

RÉALISATION

Coupez les fruits frais délicatement. Mettez-les dans un récipient en verre bien propre. Ajoutez le rhum, le sirop de sucre et les épices s'il y en a. Fermez hermétiquement. Laissez macérer entre deux et trois mois selon les ingrédients..

Astuce de Baptiste, de Colada Cocktails

« Après avoir servi le rhum arrangé, n'hésitez pas à ajouter un trait de citron vert pour apporter un équilibre à cette boisson et la rendre plus "fraîche". »

10 • TI-PUNCH

C'est la boisson emblématique des Antilles françaises. La recette s'avère relativement simple. Vous pouvez choisir le rhum de votre choix, de Martinique ou de Guadeloupe de préférence, et le degré d'alcool, entre 50 et 60°. Il se déguste à température ambiante. Ajouter des glaçons serait un sacrilège pour certains. Dans l'histoire du ti-punch, le cocktail obéit à plusieurs rituels. Premier verre dès 5 heures du matin à jeun, « le décollage », pour se donner du courage pour une journée de travail. Deuxième verre à 9 heures avec le « feu ». Les ti-punchs s'enchaînent toute la journée. Dernier verre avant de se coucher : le CRS (citron, rhum, sucre). Bonne nuit !

INGRÉDIENTS

- 50 ml de rhum blanc agricole
- 2 quartiers de citron vert
- 1 cuillerée à café de sucre brun

RÉALISATION :

Mettez les quartiers de citron vert dans un verre rocks. Écrasez-les délicatement à l'aide d'un pilon. Ajoutez le sucre et le rhum et mélangez à l'aide d'une cuillère à café pendant quelques secondes.

Astuce : le rhum blanc agricole peut être remplacé par du rhum vieux. Cela vous donnera un « ti-vieux ».

BONUS : ZOMBIE

C'est l'un des grands classiques du monde tiki. Son taux élevé d'alcool fait toujours réfléchir à deux fois avant de le commander. Cette recette a été inventée en 1934 par Donn Beach dans son restaurant Hollywood The Don Beachcomber. Selon la légende, ce cocktail aurait été destiné à un homme d'affaires qui avait besoin de se requinquer après de nombreux meetings. Quelque temps plus tard, le client lui a rapporté qu'il avait eu l'impression d'être devenu un zombie suite à la dégustation de cette boisson musclée à haut degré. Ce cocktail est devenu de plus en plus populaire, mais son auteur n'a jamais voulu livrer sa composition. C'est grâce au travail de l'historien du tiki Jeff Berry que la recette a été révélée au grand jour.

INGRÉDIENTS

- 45 ml de rhum ambré portoricain
- 45 ml de rhum vieux jamaïcain
- 30 ml de rhum overproof (historiquement le Lemon Hart 151°, utilisez le Plantation OFTD)
- 20 ml de jus de citron vert frais
- 15 ml de sirop de falernum
- 10 ml de jus de pamplemousse frais
- 5 ml de sirop de grenadine
- 5 ml de sirop de cannelle
- 1 trait d'Angostura bitter
- 6 gouttes d'absinthe
- 180 g de glace pilée

RÉALISATION

Mettez les ingrédients dans un blender. Ajoutez la glace pilée. Faites tourner à grande vitesse pendant cinq secondes, pas plus. Versez dans un verre highball. Décorez d'un morceau d'ananas.

Astuce de Baptiste, de Colada Cocktails

« Cette version originale est très alcoolisée et assez peu sucrée, parfaite pour les gros buveurs américains des années 1930, moins pour les consommateurs d'aujourd'hui. Je vous recommande de réduire d'un tiers les quantités des rhums utilisés (dans l'ordre 30 ml, 30 ml et 20 ml). »

LES MEILLEURS BARS DU MONDE
- SPÉCIALISÉS EN RHUM -

GRÈCE : ATHÈNES

BABA AU RUM

La capitale de la Grèce s'affiche comme l'une des villes européennes qui fait bouger la scène cocktail en Europe. À la vingtième place du prestigieux The World's 50 Best Bars, Baba au Rum reste une véritable institution pour les amateurs de mixtures au rhum bien ciselées, quatorze années après son ouverture. Son dynamique propriétaire et manager, Thanos Prunarus, a réussi le challenge d'apporter au décor une ambiance tropicale chic et rétro ! Ne vous attendez pas à un pur bar à tiki ! Cet expert du cocktail mise sur une collection incroyable de quatre cents bouteilles de tous les horizons à déguster en solo et une carte de cocktails pour des palais avertis qui se divise en deux temps : un chapitre « The Avant-Garde Cocktail », des boissons techniques pour s'aventurer vers des saveurs inattendues, et « The Rum Society » pour découvrir le meilleur du tiki et des créations dépaysant les sens. Le bonus : faire son mai tai mixé avec un rhum de Jamaïque de son choix.

Kleitiou 6, Athènes. babaaurum.com

CUBA : LA HAVANE

EL FLORIDITA BAR

Le passage obligatoire pour comprendre l'amour des Cubains pour le daiquiri. Localisé dans une des rues bouillantes au cœur de La Havane, calle Obispo, ce bar-restaurant est né en 1817 sous le nom de la Piña de Plata. Ce sont le décor chaleureux et typiquement cubain et les cocktails au rhum qui ont dû attirer l'écrivain Ernest Hemingway, qui logeait à proximité, dans l'hôtel Ambos Mundos, entre 1932 et 1939.

Aujourd'hui, sa statue trône fièrement au comptoir du bar et attire de nombreux touristes. À la carte, on trouve les meilleurs daiquiris de la capitale faits au blender avec le rhum Havana Club. À tester, l'incroyable et rafraîchissant frozen daiquiri. Après-midi et soir, musiciens et chanteurs viennent mettre l'ambiance. Une vraie parenthèse enchantée.

4JPV+X36, calle Obispo, La Havane. www.barfloridita.com

FRANCE : PARIS

BAR 1802 > À découvrir p. 158

DIRTY DICK : BAR À TIKI > À découvrir p. 159

MARIA LOCA

Ouvert en 2012 du côté de Bastille, ce bar, qui fait la part belle au rhum mais aussi à la cachaça, a gardé, après ces nombreuses années, ses plantes vertes exotiques, sa collection de beaux flacons de cannes à sucre, ses savoureux cocktails et la bonne humeur de son équipe. Que veut dire Maria Loca ? Est-ce le nom d'une déesse d'Amérique latine ? Les trois propriétaires se sont creusé les méninges pour dénicher un nom grunge, en référence à leur passion pour ces boissons venues des Caraïbes et d'Amérique latine. Maria Loca est un alcool distillé dans les prisons brésiliennes. Le cocktail signature à déguster sur des airs de samba ? Le golden parachute, un fruité et épicé à base d'un élixir composé de sirop d'orgeat maison, de fleur d'oranger, de menthe, de citron vert et de champagne, et du rhum Maca Spiced, une création du cofondateur de Maria Loca, Michael Landart. Ce chef barman coiffe également la casquette de distillateur. Il est en effet le cocréateur de la Distillerie d'Isle de France basée à Fresnes-sur-Marne dans la Seine-et-Marne.

31, boulevard Henri-IV, 75004 Paris. marialoca.eatbu.com

ÉTATS-UNIS : SAN FRANCISCO

SMUGGLER'S COVE

Voici l'un des meilleurs bars à rhum de Californie, dans un esprit *Pirates des Caraïbes*. Fondé en 2009 par un expert de l'alcool de canne à sucre et des cocktails exotiques, Martin Cate, Smuggler's Cove s'inspire des bars à tiki historiques en offrant une carte de plus de 80 cocktails (élaborés avec des produits maison) retraçant trois cents ans d'histoire du rhum. Celle-ci se divise en plusieurs chapitres : le rhum à travers les âges ; les boissons traditionnelles des Caraïbes ; les cocktails exotiques de Legendary Tiki Bars et les créations Smuggler's Cove Originals. Autre atout du bar : son incroyable sélection de 1 300 rhums intégrant plusieurs exclusivités de rhums artisanaux réalisés spécialement pour Smuggler's Cove par des distillateurs et des assembleurs en Californie, en Oregon, en Europe et dans les Caraïbes. Le bar a la particularité d'avoir son propre club de rhum appelé The Rumbustion Society, qui comprend quatre niveaux selon ses connaissances du spiritueux.

650 Gough St, San Francisco. www.smugglerscovesf.com

GRANDE-BRETAGNE : LONDRES

BLACK PARROT

C'est l'un des bars à rhum les plus confidentiels et cosy de Londres, ouvert en 2019. Planqué dans un étroit passage dans le quartier de la City, Black Parrot aligne une collection époustouflante de 742 bouteilles venues de tous les continents (la Barbade, la Jamaïque, Haïti, les Seychelles, Cuba, le Panama, l'Écosse, le Portugal, le Vietnam…) sur ses étagères en bois derrière son comptoir XXL. Aujourd'hui, le bar se concentre sur les distilleries britanniques, car le rhum est le spiritueux à plus forte croissance sur les terres anglaises. L'objectif de Black Parrot : éduquer sa clientèle à l'univers du spiritueux de canne à sucre. Vous ne trouverez pas ici de carte de cocktails. Ils sont réalisés sur mesure selon les goûts et les envies de rhum des clients. L'actuel gérant, David Brady, est également un expert et participe comme juré au prestigieux concours World Spirit Award.

8 Bride Court, Londres. blackparrotbar.co.uk

ITALIE : MARINADI RAVENNA

AGUARDIENTE

Bienvenue au port de Marina di Ravenna, petite ville touristique de 3 500 habitants surplombant la mer Adriatique. C'est ici que le passionné Jimmy Bertazzoli a posé ses bouteilles il y a sept ans pour ouvrir un bar spécialisé dans le rhum, les alcools de canne à sucre et les boissons traditionnelles des Caraïbes et d'Amérique du Sud. Aguardiente compte actuellement plus de 2 000 distillats de canne à sucre, dont plus de 500 sont des alcools blancs de pur jus de canne, sans oublier les nombreuses bouteilles de collection, dont plus de 30 Caroni et vieux Demerara. Notez que tous les rhums sont disponibles à la dégustation. Plusieurs fois par an, Jimmy Bertazzoli s'envole vers les Caraïbes pour chasser de nouveaux trésors. Les cocktails sont également un point fort du bar : ils puisent dans les trois cents dernières années de l'histoire des Caraïbes et de l'Amérique du Sud, des punchs jamaïcains traditionnels aux boissons populaires des Antilles françaises, en passant par les cocktails emblématiques du *golden age* cubain du début des années 1900.

Porto Turistico Internazionale, Piazzale Adriatico, Marina di Ravenna

AUSTRALIE : SYDNEY

THE LOBO

Direction le centre d'affaires de Sydney. C'est ici que se cache, au sous-sol du 209 Clarence Street, un bar inspiré par Julio Lobo, le dernier baron du sucre cubain qui était un puissant homme d'affaires. Monté il y a dix ans par une figure du bar australien, Jared Merlino, The Lobo affiche un décor aux allures de maison coloniale : chaises en rotin, bananiers et canapé Chesterfield en velours. Ce repaire, récompensé du titre de « bar à rhum de l'année » par le magazine *Bartender* en 2016, 2017 et 2021, réunit la plus grande collection de spiritueux exotiques du pays. Au compteur, 300 bouteilles débarquées des Caraïbes, de la Barbade, des Bermudes, de Cuba, de Martinique, de l'Asie et même d'Australie. Les cocktails au rhum sont bien sûr à l'honneur. À déguster les yeux fermés : Virginia et Leonor, un dirty martini revisité au rhum qui a été inspiré par la femme et la fille de Julio Lobo.

Basement lot 1/209 Clarence St, Sydney. thelobo.com.au

LES BONNES ADRESSES

- COMMENT LES BARMEN TRAVAILLENT - LE RHUM AUJOURD'HUI ?

ANDY WAHLOO : UN BAR EXOTIQUE ET FESTIF OÙ L'ON AIME LE RHUM

C'est dans une rue planquée du haut du Marais que ce bar ravit les amateurs de délicieux élixirs depuis plus de vingt ans. Ses deux fondateurs, les deux frères Mourad et Hakim Mazouz, d'origine marocaine, sont des vedettes de la gastronomie et de la mixologie à Londres avec leurs deux célèbres établissements Sketch (en partenariat avec l'éminent chef Pierre Gagnaire) et Momo.

Depuis le début des années 2000, le tandem règne sur la rue des Gravilliers, dans un ancien hôtel particulier ayant appartenu à Henri IV, regroupant le bar Andy Wahloo, le restaurant de style berbère, le 404, et la cantine branchée avec une cuisine familiale, le Derrière. Depuis 2013 (avec une pause de trois ans), le *bar manager* Kaled Derouich illumine le comptoir en zinc avec ses cocktails bien ciselés, dans un espace aux allures de souk chic et choc à l'ambiance tamisée.

Le rhum est l'une des familles de spiritueux plébiscitées par le bar Andy Wahloo aux côtés du gin, pour lequel il n'y a pas moins de 160 références (le chef barman est le *brand ambassador* de la marque Yugin, gin marqué par la fraîcheur du yuzu, un agrume exotique). Les origines de prédilection de ce talent du shaker : l'Amérique latine, avec des rhums qui se marient à merveille en cocktail grâce à leurs profils aromatiques qui se distinguent par leur douceur et leur rondeur. Le cocktail phare de la maison mixé au rhum : le daiquiri, décliné sur tous les tons, à découvrir à chaque saison dans une carte qui ressemble à un ouvrage à la couverture vintage. Dès les douze coups de minuit passés, le sol à petits carreaux se transforme en *dance floor* pour vibrer sur la bande-son de DJ de renom, un doux breuvage au rhum à la main.

69 rue des Gravilliers, 75003 Paris.
Tél. : 01 42 71 20 38. www.andywahloo-bar.com

CRÉATION : SUNSET

INGRÉDIENTS

- 10 feuilles de menthe
- 10 ml de jus de citron vert frais
- 4 morceaux de pastèque
- 40 ml de rhum Plantation 3 Stars
- 10 ml d'aperol
- 5 ml de Smith & Cross Traditional Jamaica Rum
- Absinthe

Dans un shaker, mettre les feuilles de menthe et la pastèque. Écraser à l'aide d'un pilon. Ajouter des glaçons au 2/3 et compléter avec les autres ingrédients. Shaker énergiquement. Filtrer à l'aide d'une passoire et verser les ingrédients dans un verre de type highball. Compléter avec de la glace pilée.

> *Synonyme de farniente, soleil et de fun, la ville de Miami a été ma source d'inspiration pour cette création estivale. Sunset est un cocktail très frais et facile à réaliser chez soi. J'ai choisi d'utiliser cette fois-ci la star des blends de rhum Plantation 3 stars et un rhum jamaïcain pour le kick.*

REVISITE : PALMETTO COCKTAIL

INGRÉDIENTS

- 45 ml de rhum du Guatemala Zacapa 23
- 45 ml de Carpano Antica Formula
- 3 traits d'orange bitter
- *Garnish* : zeste d'orange

Mettez les ingrédients dans un verre à mélange rempli de glaçons. Mélangez délicatement à l'aide d'une *bar spoon*. Filtrez et versez dans un verre à martini. Ajoutez le zeste d'orange.

> *Je suis un fan du Manhattan, un grand classique du cocktail à la fois complexe, sucré, corsé et sec à base de whisky et de vermouth rouge. J'ai remplacé le whisky par un rhum vieux de Guatemala Zacapa 23 parce qu'il confère aux cocktails des notes de vanille et d'épices.*

BAR 1802:
LE ROYAUME DU RHUM

Planqué dans un coin paisible du 5e arrondissement, le bar 1802 est l'unique bar à rhum de Paris, logé dans l'hôtel de luxe Monte Cristo, un paradis d'exotisme rendant hommage à l'écrivain Alexandre Dumas, petit-fils de cultivateur de canne et grand épicurien. C'est aux côtés d'Adrian Nino, le chef barman, et de Christopher Bellail, son acolyte et sommelier du rhum, que j'ai découvert des cuvées d'exception.

Le premier a gravi les échelons du monde du bar pendant treize ans grâce à ses doigts d'or. Le second, master communication et marketing en poche, a quitté l'industrie de la musique pour celle du rhum et du cocktail. Leurs points communs : l'expertise et la passion du spiritueux à base de canne à sucre. Ne soyez pas étonné d'avoir un jour pour voisin de comptoir un producteur star de la Barbade ou un *brand ambassador* d'une célèbre marque de rhum d'Amérique latine.

En quelques années, le bar 1802, aux allures de jungle, est devenu le QG des amoureux de cet alcool exotique qui réunit plus de 1 300 références, allant de l'accessible à l'ultra-premium avec notamment un rhum de 1929, ce dernier étant son plus vieux millésime. Une sacrée claque ! Son objectif : démocratiser la dégustation de rhum pour tous les palais.

Au rayon cocktail, ce duo de choc s'est taillé une belle réputation pour ses élixirs parfaitement ciselés, réalisés avec une belle technicité et des associations détonantes. Pour ceux qui veulent pousser le curseur encore plus loin, Adrian et Christopher animent des séances de dégustation 100 % rhum. L'hôtel Monte Cristo organise également un week-end par an un mi-salon privé de rhum où chaque marque offre une dégustation de ses différentes cuvées dans une chambre de l'établissement. Un rendez-vous à ne pas manquer.

Adresse : 22 rue Pascal 75005 Paris. Tél. : 01 40 09 09 09
www.bar1802.com

REVISITE : BARREL AGED OLD FASHIONED

INGRÉDIENTS

- 45 ml de rhum vieux du Nicaragua
- 5 ml de rhum *high ester* d'Afrique du Sud
- 5 ml de sirop de sucre
- 2 pointes de bitter aromatic, type Angostura
- 1 pointe de solution saline

Mélangez tous les ingrédients dans un grand récipient et remplissez le fût à l'aide d'un entonnoir. Laissez vieillir le cocktail pendant trois mois à une température comprise entre 29 et 31° C, comme dans un climat tropical. Dressez le cocktail dans un verre rocks et décorez d'un zeste d'orange.

Cette boisson plébiscitée par les barmen, est vieillie dans un fût, pratique de plus en plus courante dans les bars à cocktails. On trouve des mini-fûts sur internet (Amazon). Nous avons choisi d'associer un rhum vieux de Nicaragua qui supporte bien le vieillissement avec un rhum d'Afrique du sud doté d'une belle profondeur aromatique.

CRÉATION : ANNAM

INGRÉDIENTS

- 30 ml de rhum vietnamien à 50 % infusé au gingembre
- 5 ml de liqueur de tomates
- 5 ml de liqueur H.Theo ria Cuir lointain
- 50 ml de cordial de citron vert, coriandre et basilic thaï
- *Garnish* : huiles du banh mi (chili et sésame, herbes du cordial et noix)

Versez les ingrédients directement dans un verre à mélange rempli de glace. Mélangez délicatement l'ensemble avec une *bar spoon*. Filtrez et versez dans une petite coupe très fine genre Pony. Ajoutez les gouttes des trois huiles à votre convenance.

Ce cocktail provient de notre carte « Origins » qui explique la genèse et l'histoire du rhum. Cette création est un clin d'œil aux origines de la canne à sucre qui est née en Asie. Cette création s'inspire de la street food et notamment du Ban Mih, le sandwich emblématique vietnamien. Vous serez séduit par le côté umami et végétal.

DIRTY DICK :
LE REVIVAL DU TIKI

Perché dans le quartier bouillonnant de Pigalle, rue Frochot, le Dirty Dick est le bar qui a éduqué la faune parisienne à l'univers du tiki, une catégorie de cocktails haute en couleur et en rhum, inspirée de la culture polynésienne. Façade en bois sculpté, enseigne rouge pétant, lumière tamisée s'échappant du hublot de la porte d'entrée, peintures grandeur nature de vahinés aux murs, moquette à fleurs, une bande-son qui dépote, ce lieu, qui fleure bon les vacances au soleil en Floride, fête cette année ses 10 ans. Devant la collection de cent vingt bouteilles de rhum s'agite son propriétaire, Scotty Schuder, looké d'une chemise hawaïenne et de jolis tatouages sur les biceps. En quelques années, le barman et son équipe ont donné un sacré coup de jeune à cet ancien bar à hôtesses et au monde du tiki. Tout au long de l'année, l'équipe en chemise à fleurs prêche la bonne parole, à travers les quatre coins de la planète, autour du zombie et du painkiller. Au Dirty Dick, on prône les produits et jus frais, les ingrédients maison, des blends de rhums explosifs, les verres à totem excentriques et les coquillages XXL pour siroter un punch.

Attention, une telle exigence de qualité demande beaucoup de travail : une mise en place pour un service demande huit à dix heures de préparation chaque jour. Fan de tous les rhums, et particulièrement de ceux de l'embouteilleur indépendant Plantation, petits bijoux de saveurs pour tiki, Scotty Schuder s'est même creusé les méninges pour créer la recette collective du rhum OFDT overproof de Plantation, un blend de rhums de la Barbade, de la Guyane britannique et de la Jamaïque, aux côtés d'autres pointures du spiritueux exotique comme l'historien américain David Wondrich. À découvrir au comptoir du Dirty Dick avec un bon mai tai.

10 rue Frochot, 75009 Paris.
Tél : 01 48 78 74 58. www.andywahloo-bar.com

CRÉATION : HATS OFF TO BEACHBUM BERRY

INGRÉDIENTS

- 60 ml de blend de rhums (Plantation Original Dark, Hampden, Smith & Cross ambré)
- 25 ml de sirop blackberry (mûre, grenadine et sherry) maison
- 25 ml de jus de citron vert frais
- 3 traits d'Angostura bitters
- 3 traits d'absinthe

Mettez tous les ingrédients dans un shaker rempli de glace. Remuez énergiquement. Filtrez et versez dans un verre rocks rempli de glace pilée. Décorez avec un bouquet de menthe, une tranche de citron vert et une tranche de pitaya (fruit du dragon).

> *C'est l'un des premiers tikis qui nous a fait monter en grade côté créativité. Nous faisions beaucoup de recherches sur l'histoire des tikis. Quand nous avons eu accès au livre de l'historien américain Beachbum Berry, notre vie a changé. Nous avons travaillé ce cocktail avec un blend de rhums vieux avec du caractère.*

REVISITE : MISSIONARY'S DOWNFALL

INGRÉDIENTS

- 10 feuilles de menthe
- 1 morceau d'ananas
- 15 ml de crème de pêche
- 40 ml de blend de rhums (30 ml de rhum Plantation 3 Stars et 10 ml de Havana Club 3 ans)
- 15 ml de blend de miel (1 verre de miel pour 1 verre d'eau)
- 20 ml de jus de citron jaune frais

Mettez tous les ingrédients dans un blender. Ajoutez des glaçons aux deux tiers et mélangez pendant une vingtaine de secondes. Filtrez et versez dans un grand verre à pied. Décorez avec un bouquet de feuilles de menthe et une tranche de citron vert.

> *C'est un éminent classique du cocktail crée en 1934 par le grand Don Beach dans son établissement The Don The Beachcomber en Californie. Je suis tombée amoureux de ce cocktail dès que je l'ai goûté la première fois. L'association de menthe, d'ananas, de pêche et de miel est vraiment magique dans un verre.*

DRINKS&CO : UN LIEU HYBRIDE OÙ ON AIME LE RHUM

Bienvenue au paradis du cocktail, des spiritueux et… du rhum, *of course* ! Mi-bar à cocktails, mi-caviste, Drinks&Co a ouvert ses portes mi-décembre 2020 dans un décor aux allures de canopée, localisé à deux pas de la gare Saint-Lazare à Paris. J'ai découvert ce *concept store*, appartenant au groupe Pernod Ricard, en pleine crise sanitaire, masque au nez. Son offre exponentielle et pointue de spiritueux (plus 1000 références dans toutes les catégories), le bar à cocktails rutilant aux couleurs cuivrées, la gentillesse des barmen qui connaissent l'offre de la maison sur le bout des ongles m'ont sacrément boosté le moral ce jour-là. Depuis, la boutique-bar a fait son bonhomme de chemin et les bouteilles de rhum s'affichent fièrement sur les étagères avec 150 références provenant de tous les horizons. Depuis près de deux ans, le *bar manager* Bruno Ingargiola chapote l'équipe du bar composée de 15 barmen se distinguant tous par des profils éclectiques et une belle expertise du spiritueux exotique. Bruno Ingargiola et 3 de ses bartenders, Maxime Brisville, Fatine Abid et Anthony Dagiste, ont joué le jeu pour plancher sur plusieurs créations cocktails à base de rhum. L'une fait référence au grand répertoire de la mixologie et l'autre met en valeur du rhum sans alcool. Une vraie tendance ! Ces 2 boissons subliment le rhum avec la touche moderne de Drinks&Co. « Aujourd'hui, toute création cocktail est forcément un dérivé d'un classique du passé. Les cocktails chez Drinks&Co sont servis sans *garnish* à moins qu'elles ne soient travaillées et/ou qu'elles apportent un réel intérêt gustatif au cocktail, et ce dans une démarche d'éco responsabilité », explique Bruno Ingargiola. À vos shakers !

106 bis rue Saint-Lazare, 75008 Paris.
Tél. : 01 70 93 27 70. https://drinksco.store/fr

CRÉATION : COLOMBO

INGRÉDIENTS

- 60 ml de SoberRum infusé au curry de Madras
- 80ml de Fever Tree ginger ale

Réaliser le cocktail directement dans un verre highball rempli de beaux glaçons. Décorer d'un rim de paprika.

SoberRum infusé au curry de Madras : faire infuser au bain-marie dans un contenant fermé le rhum avec le curry pendant une heure puis filtrer au travers d'un filtre à café.

Rim de paprika : le rim est réalisé en appliquant du sirop de sucre au pinceau entre deux bandes de scotch pour obtenir une netteté de rim puis en saupoudrant du paprika sur le sirop de sucre. On tapote le verre pour retirer l'excédent de paprika puis on retire les bandes de scotch. L'utilisation du paprika permet de trancher avec la couleur du cocktail pour créer un joli contraste.

Le cocktail sans alcool tient une place importante chez Drinks&Co. Celui-ci est réalisé avec le SoberRum, un spiritueux zéro degré, réalisé à partir d'un rhum français et ressemblant à un rhum vieux. L'infusion au curry ramène une touche d'exotisme.

REVISITE : NAKED IN JAPAN

INGRÉDIENTS

- 22,5 ml de rhum japonais Kiyomi
- 22,5 ml de Chartreuse Jaune
- 22,5 ml d'Aperol
- 22,5 ml de jus de citron vert
- 2 gouttes de solution saline

Dans un shaker, mettre tous les ingrédients. Remplir le shaker de trois quarts de glaçons et shaker énergiquement. Filtrer et verser dans un verre Nick & Nora, une coupette très fine de 150 ml de contenance.

C'est une version revisitée d'un classique moderne cocktail, Naked and Famous, créé en 2011 par le célèbre bar new-yorkais Death & Co. Le mezcal est ici remplacé par un rhum japonais très expressif qui rappelle les arômes d'un rhum agricole. La solution saline sert à exhausser le goût du cocktail.

REMERCIEMENTS

Ce livre a été réalisé grâce à :
L'équipe du Bar 1802 et de Drinks & Co, Kaled Derouich du bar Andy Wahloo et Scotty Schuder du bar à Dirty Dick pour leur participation et leurs créations cocktails.
Les personnes interviewées qui font bouger le monde du rhum.
Baptiste Bochet pour son soutien sur la partie mixologie et pour l'écriture de sa préface.
Fernando Castellon pour son partage de la culture cubaine du cocktail.
Tous les acteurs du rhum pour leur contribution à la création de cet ouvrage.
Fabien Radet et Pascale Guillier de la Cave Saint Jacques à Tournai (Belgique) pour avoir contribué à ma passion pour le rhum.
Adeline Lobut pour m'avoir fait confiance dans la réalisation de cet ouvrage et sa patience.
Et mon Zombie pour son grand soutien tout au long de l'écriture de ce livre.

CRÉDITS PHOTOGRAPHIQUES

P 9 : Distillerie Damoiseau, distillerie Foursquare et distillerie Havana Club
P 35 : Rhum Clément ©Ronan Le May
P 61 : Distillerie Havana Club ©Mathieu Garcon
P 83 : distillerie Flor de Cana ©JPFrétillet
P 89 : distillerie Paranubes ©Philip Gillier
P 107 : distillerie Savanna ©Axel Ruhomaully
p108 : Distillerie Chamarel ©Shutterstock
p. 152 à 159 : ©Benjamin Brette
Fonds et illustrations : ©Shutterstock ; ©Freepik

Direction d'édition : Nathalie Viard
Edition : Adeline Lobut
Réalisation et textes : Laurence Marot
Conception graphique et mise en pages : Either Studio/ Damien Payet
Couverture : Either Studio/ Damien Payet

Éditions Massin
Publiées par Société d'Information et de Créations - SIC ; Une société de Marie Claire Album
9 place Marie-Jeanne Bassot CS 50238 - 92593 LEVALLOIS-PERRET CEDEX
Tél. 01 41 46 88 88
RCS Nanterre 302 114 509
SARL au capital de 822.000 euros

ISBN : 978-2-7072-1359-4
N° Éditeur : 38369
Imprimé par Rotolito, Roumanie
Dépôt légal : octobre 2023.